Douglas Huff
mit Bernd Wannenwetsch (Hg.)

Dietrich Bonhoeffer

Ein Lehrstück vom Widerstand in zwei Al

fontis

Bibliografische Information der Deutschen Nationalbibliothek
Die Deutsche Nationalbibliothek verzeichnet diese Publikation in der Deutschen Nationalbibliografie; detaillierte bibliografische Daten sind im Internet über www.dnb.de abrufbar.

Der Fontis-Verlag wird von 2021 bis 2024 vom Schweizer Bundesamt für Kultur unterstützt.

Titel der amerikanischen Originalausgabe:
»Emil's Enemies« von Douglas Huff

Übersetzt, herausgegeben und eingeleitet
von Bernd Wannenwetsch

Wir freuen uns, wenn Sie »Dietrich Bonhoeffer: Ein Lehrstück vom Widerstand in zwei Akten« aufführen möchten!
Alle Infos zum Bezug einer Aufführungs-Lizenz finden Sie hier:

https://www.fontis-shop.com/bonhoeffer

Umschlag: René Graf, Fontis-Verlag Basel
Satz: Samuel Ryba – Design Ryba
Druck: Finidr
Gedruckt in der Tschechischen Republik

ISBN 978-3-03848-263-5

MIX
Papier | Fördert gute Waldnutzung
FSC
www.fsc.org
FSC® C014138

Douglas Huff

Dietrich Bonhoeffer:
Ein Lehrstück vom Widerstand
in zwei Akten

www.fontis-verlag.com

Inhalt

BONHOEFFER – HELD ODER HEILIGER?

Impulse für eine Theologie des Widerstands heute

Hans: »Nichts für ungut, Dietrich. Aber wenn es ums Töten geht, geht mir das ein bisschen schnell. Gerade für einen Mann Gottes.« – Dietrich: »Verwechsle die Ankunft nicht mit der Reise. Die eine ist viel länger als die andere.«

Akt I, Szene IV

I. Helden und Heilige: Wie sind sie, und wer macht sie?

Als Beteiligter im Widerstand gegen das Hitlerregime: War der Theologe Dietrich Bonhoeffer ein Held oder ein Heiliger? Betrachten wir seine Äußerungen zum Thema, hätten wir gewiss Grund, beide Zuschreibungen abzulehnen. So äußert sich Bonhoeffer in einem Brief an seinen Freund Bethge vom 21. Juli 1944, dem Tag nach dem Scheitern des Attentats auf Hitler: »Wenn man völlig darauf verzichtet hat, aus sich selbst etwas zu machen – sei es einen Heiligen oder einen bekehrten Sünder ... dann wirft man sich Gott ganz in die Arme, dann nimmt man nicht mehr die eigenen Leiden, sondern das Leiden Gottes in der Welt ernst, dann wacht man mit Christus in Gethsemane, und ich denke, das ist Glaube, das ist ›Metanoia‹; und so wird man ein Mensch, ein Christ« (WuE, 248).

Gleichwohl gilt für beide Prädikate, Heiliger und Held, dass sie ohnehin nicht als Selbstbezeichnungen funktionieren, nicht von innen heraus angestrebt werden, sondern von außen her verliehen werden: aus der Übereinkunft der jeweils zuständigen Gemeinschaft, eine Person als vorbildhaft für diejenigen Tugenden hervorzuheben, die für diese Gemeinschaft als identitätsstiftend gelten. Tatsächlich finden sich heute beide Wahrnehmungsweisen im Hinblick auf die Person Bonhoeffer und seine Rolle im Widerstand. Nach einer längeren Phase seit dem Ende des Zweiten Weltkriegs, in der er mit seinen Mitverschwörern häufig als Volksverräter diskreditiert wurde – und bis in die 1990er-Jahre auch rechtlich nicht rehabilitiert war –, hat sich das Blatt gewendet, und Bonhoeffer wird allgemein hoch angesehen: als einer der wenigen Helden des Widerstandes oder als »evangelischer Heiliger«[1].

Die beiden Prädikate unterscheiden sich freilich nicht einfach so, als wäre die eine säkular-politisch

[1] Wolfgang Huber, Dietrich Bonhoeffer – ein evangelischer Heiliger. Eröffnungsvortrag beim Internationalen Bonhoefferkongress in Breslau 2006. https://www.ekd.de/060203_huber_breslau.htm

und die andere kirchlich. Athen und Jerusalem unterscheiden sich auch in den Kriterien erheblich, unter denen sie bereit sind, eine Person als Vorbild hervorzuheben. Als Held im antiken Verständnis erweist sich derjenige, der im Kampf für das Gute (das Wohl der Polis) bereit ist, sein Leben zu geben, und dies unter ehrenhaften Umständen tut, idealerweise nach heldenhaftem Kampf auf dem Schlachtfeld. Ein ehrenhafter Tod garantiert dem Helden Unsterblichkeit im andauernden Andenken der Gemeinschaft an seine Vorbildhaftigkeit im Kampf.

Der Heilige nach biblischem Verständnis hingegen ist vorbildhaft als jemand, der sich auch unter widrigen Umständen als treuer Zeuge des Willens Gottes für sein Volk bewährt hat: ob als Märtyrer oder »Bekenner«. Die Umstände des Todes selbst spielen hier keine Rolle. Schließlich ist Christus selbst alles andere als einen ehrenhaften Tod gestorben, als einer, der als Gotteslästerer und Volksverführer verurteilt und hingerichtet wurde. Anders als Sokrates, der sich in souveränem Festhalten an seiner Ehre und Unschuld selbst den Giftbecher gibt, zeigt sich Jesus am Kreuz erschüttert über die tiefste Verlassenheit, die ein Mensch je erfahren kann: »Mein Gott, mein Gott, warum hast du mich verlassen?« (Mt. 27,46; Luther 2017)

Was mich am vorliegenden Theaterstück von Douglas Huff fasziniert, ist, wie er uns einen Bonhoeffer präsentiert, der bis zu einem gewissen Grad für beide Lesarten offen ist, in Summe jedoch die »Helden«-Version untergräbt und das Publikum so für die theologisch komplexere Figur des »Heiligen« als treuem Zeugen aufschließt – mitsamt den Selbstzweifeln, ironischen Brechungen und retardierenden Momenten, die diese Figur nicht konterkarieren, sondern kontrastieren.

II. Der unwahrscheinliche Widerstandskämpfer

Um Bonhoeffers Rolle im Komplott gegen Hitler zu verstehen, müssen wir die Unwahrscheinlichkeit dieses Szenarios begreifen, wie sie im oben angeführten Wortwechsel aus dem Theaterstück angedeutet ist: Auf der einen Seite haben wir es mit einem Theologen zu tun, der in der Tradition lutherischen Politikverständnisses steht, in der der Gehorsam gegenüber den autorisierten Trägern der politischen Macht fest verwurzelt ist; auf der anderen Seite haben wir den weit gereisten ökumenischen Theologen und Exegeten der Bergpredigt mit wachsenden pazifistischen Sympathien. Welche Seite wir auch immer betonen, beide lassen Bonhoeffers Rekrutierung für einen gewaltsamen Staatsstreich als äußerst schwieriges Unterfangen erscheinen.

Und doch lehnte Bonhoeffer das Ansuchen seines Schwagers Hans von Dohnanyi nicht ab, als dieser versuchte, ihn im Oktober 1940 als Agenten für seine Abteilung des militärischen Nachrichtendienstes zu gewinnen, die als ein geheimes Zentrum des Widerstands gegen das nationalsozialistische Regime operierte. Während seiner Besuche in Italien, der Schweiz und den skandinavischen Ländern in den Jahren 1941 und 1942 sollte Bonhoeffer den Versuch machen, ausländische Unterstützung für die Widerstandsbewegung in Deutschland zu gewinnen.

Die Rekrutierungs-Szene in Douglas Huffs Theaterstück zeigt die Unwahrscheinlichkeit von Bonhoeffers Beteiligung am Staatsstreich nicht anhand einer Innenschau, etwa im Spiegel seiner Gewissensbisse, sondern durch eine beinahe komisch anmutende Vertauschung der Rollen: Dem Widerstandskämpfer Dohnanyi geht die Einwilligung seines ordinierten Schwagers zu rasch. Es ist, als fehle ihm die Art von Skrupel, die man bei einem christlichen Theologen erwarten würde im Hinblick auf einen Auftrag, zu dessen Ausführung Lug und Trug gehören würden, der das eigene Leben und das Leben anderer in Gefahr bringen würde. In Huffs Drama löchert der religiös zurückhaltende Jurist den Theologen mit Fragen: Was ist mit deinem Ordinationsgelübde? Was ist mit dem christlichen Tötungsverbot? – Verwechsle die Ankunft nicht mit der Reise, gibt Huffs Bonhoeffer dem Drängenden zu bedenken: Meine zügige Antwort auf dein Ansinnen schließt keineswegs aus, dass der Weg dorthin geprägt war von langwierigem Durchdenken und Durchleiden von elementaren Fragen – Fragen, von denen manche gleichwohl offenbleiben mussten: offen für Antworten, die sich vielleicht erst im Rückblick würden geben lassen und solchen, die nur Gott als Herr der Geschichte selbst geben kann.

III. Widerstand als Befreiung: Von der Fixierung auf das moralische Selbst

Eben in dieser doppelten Überzeugung liegt meines Erachtens der Schlüssel zum Verständnis der Bedeutung Bonhoeffers als Theologe und politischer Akteur des Widerstands: Einerseits geht es darum, um gut abgewogene Urteile in den Sachfragen zu ringen, andererseits aber darum, mit den so gewonnenen Urteilen dem Urteil Gottes nicht vorzugreifen. Hier zeigt sich eine reformatorische Haltung, gespeist von einer tief sitzenden theologischen Abneigung gegen jede Art von Selbstrechtfertigung, ob sich diese nun im Bereich der Lehre oder der Moral aufdrängt. Stellvertretend für diese Haltung können die einschlägigen Zitate aus Bonhoeffers Ethikfragment stehen, die der Dramatiker Huff ihm in der Rekrutierungsszene in den Mund legt.

»Du sollst nicht töten. Das Gebot bleibt gültig.« Für Bonhoeffer gibt es keine Flucht in den moralischen Konsequentialismus, einen Argumentationstyp, der den meisten Menschen heute plausibel erscheinen würde. Während man die Gültigkeit des Gebots im Allgemeinen akzeptiert, wird seine Aussetzung unter besonderen Umständen gleichwohl gerechtfertigt: Was ist das Leben eines Tyrannen im Vergleich zum Leben von Tausenden, Millionen unschuldiger Menschen, die verschont werden könnten, wenn man nur dieses eine elende Leben beendete? Für Bonhoeffer ist eine solche Argumentation kein gangbarer Weg. Der Mensch kann sich nicht zum Herrn über das Gebot erklären, indem er es situationsabhängig für ausgesetzt erklärt. Vielmehr bleibt das Töten, auch aus guten Gründen wie im Falle des Tyrannenmordes, eine Übertretung, die den Täter unter Gottes Gericht stellt.

Gleichwohl gilt für Bonhoeffer aber auch: »Schlimmer als die böse Tat ist das Böse-sein« (DBW 6,62). Mit der Entfesselung des Bösen, wie er sie zu seiner Zeit erlebt, sind Enthaltung und Neutralität unmöglich geworden. Wer behauptet, unbeteiligter Zuschauer der Entfaltung des Bösen zu sein, macht sich schon zu seinem Komplizen. Der Mangel an Zivilcourage in Deutschland unter Hitler war das Kernproblem, das Bonhoeffer in einem Brief an seine Freunde innerhalb der Widerstandsbewegung diagnostizierte. Der Brief trägt den Titel »Nach zehn Jahren« (WuE, 9–31ff; DBW 8, 19–39), geschrieben ein Jahrzehnt nach Hitlers Machtergreifung im Jahr 1933.

Bonhoeffers Diagnose lautete hier, dass die Deutschen nicht nur aus Mangel an politischem Urteilsvermögen, sondern aus moralischen Gründen nicht in der Lage waren, die Zivilcourage auszubilden, die nötig gewesen wäre, um sich den beispiellosen Herausforderungen zu stellen, die Hitlers Politik heraufbeschwor. Bonhoeffer zufolge resultierte der Mangel an Zivilcourage aber nicht aus einem Mangel an Moralität, sondern im Gegenteil daraus, dass sich die Deutschen zu sehr auf ihre konventionelle Moral verlassen hatten. Moralische Tugenden wie Prinzipientreue, Gewissenhaftigkeit oder Pflichtbewusstsein waren im deutschen Volk zur Zeit Bonhoeffers durchaus verankert.

Doch ungeachtet ihrer Eignung, menschliches Verhalten unter normalen Umständen zu orientieren, hatten sie unter dem Druck des Unerhörten der Entfesselung des Bösen einfach nachgegeben (WuE, 13–15). Der ungebremste Erfolg des »großen Menschenverächters« Hitler habe gezeigt, dass der moralische Mensch nicht in der Lage sei, die Verkleidungen zu durchschauen, in der das Böse nun auftritt, nämlich in der »Gestalt des Lichts, der Wohltat, der Treue, der Erneuerung … des geschichtlich Notwendigen, des sozial Gerechten« (DBW 6,63). So diagnostiziert Bonhoeffer in seiner *Ethik*: »Der tiefste Grund für die ethische Verwirrung liegt vielmehr in der Tatsache, dass die höchste Ungerechtigkeit, wie sie im nationalsozialistischen Regime verkörpert ist, sich in das Gewand relativer historischer und sozialer Gerechtigkeit kleiden konnte«, so dass nur ein kleiner Rest in der Lage war, gerade hier den »Satan in der Gestalt des Engels des Lichts« zu erkennen (DBW 6,63, FN 6).

In diesem Zusammenhang analysiert Bonhoeffer auch jeweils kurz, wo die einzelnen Typen konventioneller Moral zu kurz greifen. So sind etwa die »Gewissensmenschen« durch die zahllosen verführerischen Verkleidungen, in denen das Böse an sie herantritt, unsicher geworden. Folglich können diejenigen, deren einzige Stütze ihr Gewissen ist, niemals begreifen, »dass ein böses Gewissen stärker und heilsamer sein kann als ein betrogenes Gewissen« (DBW 6,65).

Oder der Mensch »privater Tugendhaftigkeit«: zu Hause vielleicht ein sanftmütiger Vater und verlässlicher

Ehemann, aber ein kaltblütiger Scharfrichter unschuldiger Menschen in seinem »anderen Leben«. Bonhoeffers Darlegungen lesen sich hier fast wie eine Skizze für Hannah Arendts spätere Charakterisierung der »Banalität des Bösen«, wie diese in Eichmanns Prozess in Jerusalem zutage trat.

Einige der moralischen Haltungen der Deutschen, die Bonhoeffer analysiert, mögen sich mit dem speziellen preußischen Geist in Verbindung bringen lassen, der zur damaligen Zeit bestimmte »germanische Tugenden« zu definieren begann. Gleichwohl ist die Liste in ihrer Gesamtheit auffallend inhomogen, ja paradox, indem sie konträre moralische Typen miteinander verbindet. So kommt der existenzialistische Verfechter freiheitlichen Handelns in der Erfahrung Bonhoeffers ebenso wenig als Quelle des Widerstands in Frage wie der engstirnige »Mann der Pflicht«. Bonhoeffer identifiziert das Grundproblem, das diesen heterogen erscheinenden Haltungen gemeinsam ist: In ihrer Fixierung auf ein jeweils übergeordnetes Prinzip kommen diese Moralvorstellungen darin überein, dass sie mehr an der Integrität und Reinheit des eigenen moralischen Selbst interessiert sind als am Mitmenschen und dessen Notlagen.

Zivilcourage, die hier vor allem nötig gewesen wäre, kann freilich nicht durch Appelle an das moralische Selbst erzeugt werden. Im Gegenteil: Die Art von Zivilcourage, die es Menschen ermöglicht, angesichts einer massiven Bedrohung der Menschlichkeit »standhaft« zu bleiben, resultiert gerade aus der Befreiung von der Fixierung auf das moralische Ich und seine

Unversehrtheit: aus der Überwindung einer Interessenshierarchie, die die eigene Vernunft, die Reinheit des eigenen Gewissens, die Unbeflecktheit der eigenen Tugend über die Anliegen des Nächsten und seine Nöte stellt. Diese mögen zwar durchaus im Blickfeld moralischer Haltungen liegen, allerdings eben mit einem charakteristischen Silberblick, in dem das jeweils andere Auge stets auf das moralische Selbst und seine Integrität schielt. In Anlehnung an einen biblischen Begriff beschreibt Bonhoeffer dies als die Haltung des »di-psychos«, des sprichwörtlichen Menschen, der zwei Herzen in seiner Brust trägt (DWB 6,67).

In dem Maße aber, in dem das moralische Selbst auf einen solchen geteilten Fokus besteht, wird es reaktionär und unfrei. Es formt sich selbst in der Vorwegnahme der Urteile, die es von außen erwartet, des Urteils der anderen oder einer anonymen »Entwicklung« der Geschichte.

Demgegenüber versteht Bonhoeffer die Position, in der sich ein Christenmensch vorfinden darf, als die Position der freien Antwort und des freien Handelns, als die Position der Freiheit, tätig zu antworten auf das bereits vollzogene Gericht Gottes in Christus.

So fasst Bonhoeffer in eigenen Worten zusammen: »Wer hält stand? Allein der, dem nicht seine Vernunft, sein Prinzip, sein Gewissen, seine Freiheit, seine Tugend der letzte Maßstab ist, sondern der dies alles zu opfern bereit ist, wenn er im Glauben und in alleiniger Bindung an Gott zu gehorsamer und verantwortlicher Tat gerufen ist, der Verantwortliche, dessen Leben nichts sein will als eine Antwort auf Gottes Frage und Ruf. Wo sind diese Verantwortlichen?« (WuG 13)

Diesem Ruf Gottes inmitten der Wirren seiner Zeit zu folgen, bedeutete für Bonhoeffer in den 1940er-Jahren konkret, sich als Doppelagent zur Verfügung zu stellen, als jemand, der die Kunst des Lügens, Betrügens, Tricksens üben musste, um dieser Rolle gerecht zu werden. Während er auf der einen Seite darüber nachdachte, »was es bedeutet, die Wahrheit zu sagen«, wer das Recht hat, sie von uns zu verlangen und unter welchen Umständen, und auch über den traditionellen Diskurs zur Legitimierung des Tyrannenmords reflektierte, war er sich doch dessen bewusst, dass solche Überlegungen sich niemals zu einer vollen Rechtfertigung seiner Beteiligung an dem Komplott verdichten konnten. »Vor den anderen Menschen rechtfertigt den Mann der freien Verantwortung die Not, vor sich selbst spricht ihn sein Gewissen frei, aber vor Gott hofft er allein auf Gnade« (DBW 6, 283).

Vor diesem Hintergrund mutet es wie eine Ironie der Geschichte an, dass gerade der Wunsch nach moralischer Rechtfertigung vor den Gerichtshöfen der Menschen und der Geschichte schließlich zur Hinrichtung Bonhoeffers und seiner Mitverschwörer führte: Die Verhaftungen geschahen, nachdem kompromittierendes Material gefunden wurde, das die Verschwörer in der Zossener Bibliothek versteckt hatten. Entgegen dem Rat Bonhoeffers und anderer Verschwörer, lieber alles zu verbrennen, hatte General Oster darauf bestanden, die Unterlagen aufzubewahren, um sich mit ihrer Hilfe nach Hitlers

Sturz vor der Weltöffentlichkeit rechtfertigen zu können. Für Oster reichte es nicht, das Gerechte einfach zu tun; zugleich wollte er die Bedingungen sicherstellen, unter denen die Tat auch öffentliche Rechtfertigung erfahren konnte. Bonhoeffer hingegen betrachtete seine Beteiligung an der Verschwörung als »einen Akt der Buße«[2] für sein Volk und Teilhabe an dessen Prüfung und Schuld – gewiss auf Absolution zielend, aber eben im Bewusstsein, dass man sich diese niemals selbst besorgen kann.

IV. »Nichts aus sich selbst machen«: Widerstand gegen die Heroisierung des Widerstands

Diejenigen, die sich heute mit historischen Beispielen des Totalitarismus beschäftigen und diejenigen feiern, die ihm einst widerstanden, können einer gewissen Versuchung oft schwer widerstehen: der Versuchung, die historischen Persönlichkeiten in ein Bild des Widerstands zu verwandeln, das ihre eigenen Ängste und Sehnsüchte widerspiegelt. Indem wir Figuren des Widerstands feiern, versichern wir uns, dass wir »die Lehren aus der Geschichte« gezogen haben und selbst »auf der richtigen Seite der Geschichte stehen«. Der innerlich unbeirrte Held des Widerstands dient dann als narratives Symbol der evolutionären Ideologie unserer eigenen kulturellen und politischen Identität – und

---

[2] Clifford Green, Editor's Introduction, D. Bonhoeffer, Ethics, Dietrich Bonhoeffer Works 6, Minneapolis 2005, 13.

ihrer Überlegenheitsansprüche. Denn die Verehrung von Helden des Widerstands erlaubt es uns, mit ihrer (vermeintlichen) Abwesenheit von moralischer Ambiguität zu verschmelzen. Gleichzeitig treibt diese Verehrung einen Keil zwischen uns und die »anderen«. So konnte die Verehrung Bonhoeffers und anderer Helden des Widerstands zu einem Instrument werden, mit dem sich die nachfolgende Generation über die ihrer Väter erhebt: »Wenn ein Bonhoeffer bewiesen hat, dass es damals tatsächlich möglich war, das Rechte zu tun, warum war der Rest von euch so blind, so taub und so stumm gegenüber dem Totalitarismus eurer Zeit?«

»Totalitarismus« ist heute zu dem geworden, was wir einen moralischen Begriff nennen, ein Pejorativum für eine Regierung bzw. Regierungsform, die per definitionem auf der falschen Seite der Geschichte steht und also bekämpft werden muss. Tatsächlich aber hat Bonhoeffer nicht Widerstand gegen den Totalitarismus als solchen geleistet. Er handelte vielmehr gegen ungerechte Gesetze oder eilte seinem Nächsten zu Hilfe, der von solchen Gesetzen oder Verordnungen betroffen war. Er tat das nicht, um gegen die »Verletzung von Menschenrechten« zu protestieren, sondern weil er es für grausam und unmenschlich hielt, Menschen berufliche Chancen, Heirat, Kirchenmitgliedschaft und andere lebenswichtige Güter vorzuenthalten, geschweige denn, ihr Leben zu bedrohen. So lehnte er etwa die Einführung des Arierparagrafen in die Kirchenverfassung seiner Zeit nicht wegen der Verletzung der Rechtsgleichheit ab, sondern weil solches dem Wesen der Kirche als einer versöhnten Gemeinschaft von Nationen und Ethnien widersprach.

Vielleicht lässt sich sogar sagen, dass Bonhoeffers regelmäßige Konflikte mit Mitstreitern in der »Bekennenden Kirche« darauf zurückzuführen waren, dass diese sich mit dem »Widerstand gegen den Totalitarismus« begnügten, anstatt sich um die Nöte seiner Opfer zu kümmern. Wenn die Kirche nur dann die Kraft zum Widerstand findet, wenn ihr eigener Autonomiebereich durch totalisierende Maßnahmen des Staates bedroht ist, wird ihr Widerstand gegen den Totalitarismus zur Ausblendung dessen, was an Ungerechtigkeiten außerhalb ihres Gesichtsfeldes geschieht: »Nur wer für die Juden schreit, darf auch gregorianisch singen«, lautete Bonhoeffers Einspruch gegen diese Form von selbstbezüglichem Widerstand innerhalb der Kirchen. Dementsprechend konnte Bonhoeffer auch die Argumentation mancher seiner Mitverschwörer nicht nachvollziehen, wenn diese es für zu riskant hielten, jüdischen Familien zur Flucht über die Schweiz zu verhelfen, wie dies unter dem Decknamen »U7« geschah: Was zählt schon das Schicksal einiger weniger Familien, wenn das große Projekt des Sturzes einer tyrannischen Regierung auf dem Spiel steht? Bonhoeffers Antwort darauf: »Alles!«

Bonhoeffers Klarheit in diesen Fragen spiegelt eine Einsicht wider, die es wert ist, heute erinnert zu werden: Die Selbstgerechtigkeit von Widerstandsbewegungen bereitet den Weg zu Bürgerkrieg oder Terrorismus. In dem Maße, in dem ihr Selbstverständnis auf einem feststehenden Urteil beruht, das sich im Begriff des

»Totalitarismus« widerspiegelt, verblasst die Notwendigkeit einer tatsächlichen politischen Urteilsbildung zum je gegebenen Zeitpunkt. Allzu leicht versetzt die Gegnerschaft zum Totalitären von vornherein in den vermeintlichen Rang des Gerechtfertigtseins durch die Geschichte, was dann auch zur unterschiedslosen Wahl der Mittel zu motivieren vermag.

Im Gegensatz zur Mentalität des moralisch-triumphalistischen Widerstands erscheint Bonhoeffer geradezu skrupulös: Kein klarer Grundsatz, keine noch so komplexe moralische Argumentation, nicht einmal der Erfolg oder die Geschichte als solche können jemals rechtfertigen, was dem Urteil Gottes überlassen bleiben muss, auf dessen Gnade wir hoffen müssen, aber auch dürfen und können.

V. Vertrauen als Angeld der Versöhnung: Zum Erbe des Widerstands

Es ist eben diese Haltung, nicht selbst etwas aus sich machen zu wollen, die uns Bonhoeffer schließlich als Heiligen erkennen lässt. Indem er sein Leben und Handeln nicht nach dem ergehenden oder zu erwartenden Urteil anderer ausrichtete, sondern sich in die Hände Gottes warf, wurde er dazu befreit, radikal »für andere« zu leben und zu handeln. Für Bonhoeffer ging es nicht um das Bewusstsein, »auf der richtigen Seite« zu stehen, nicht darum, sich die Reinheit seines Gewissens zu erhalten, sondern um die Möglichkeit des Lebens der nachfolgenden Generationen in Deutschland. »Die letzte verantwortliche Frage ist nicht, wie ich mich heroisch aus der Affäre ziehe, sondern wie eine kommende Generation leben soll« (WuE, 16). Daher rührte auch sein unermüdlicher Einsatz in der Kontaktaufnahme zu Personen aus der internationalen ökumenischen Szene, um diese über die Existenz und die Pläne des Widerstands in Deutschland zu informieren, über ihr Bedürfnis, anerkannt zu werden – so wie die Bekennende Kirche sich um die Anerkennung in der ökumenischen Gemeinschaft der Kirchen bemühen musste.

Ein weiterer Aspekt, der den Widerstand Bonhoeffers charakterisierte, war deshalb sein Einsatz für Freundschaftsbildung in der Ökumene der Kirchen. In seiner berühmten Rede auf der ökumenischen Konferenz des Weltbundes für Internationale Freundschaftsarbeit der Kirchen in Dänemark (DBW 13, 298–301) erklärte er, dass Krieg für Christen nicht zuletzt deshalb als undenkbar gelten müsse, weil er bedeutet, dass sie andere Christen als Feinde betrachten müssten, wenn sie in Wahrheit doch in Christus Versöhnte sind. Die Loyalität zur weltweiten Kirche Christi kann nicht durch die parochiale Loyalität zu einzelnen Nationalstaaten außer Kraft gesetzt werden.

Im Zusammenhang dieser Überzeugung ist auch die Freundschaft des deutschen Theologen mit dem anglikanischen Bischof George Bell von Chichester[3] zu

---

[3] De Graaff, Guido. Politics in Friendship: A Theological Account. Bloomsbury Publishing, 2014.

sehen: Im Laufe verschiedener Begegnungen hatten beide Männer gelernt, einander zu vertrauen. Dieses Vertrauen in die Person Bonhoeffer erlaubte Bell dann auch, auf die Zuverlässigkeit der geheimen Informationen zu vertrauen, die er von ihm erhielt, um sie an regierende Stellen in Großbritannien weiterzugeben. Wichtiger noch: Dieses Vertrauen befähigte Bell, zwischen »Hitlerdeutschland« und dem deutschen Volk insgesamt zu unterscheiden – eine Subtilität, die der britischen Regierung zu jener Zeit nicht zugänglich war.

Die Freunde Bell und Bonhoeffer versuchten bereits während des Krieges auf eine Versöhnung ihrer Völker hinzuarbeiten und mussten doch das Scheitern ihrer Bemühungen erleben. Anstatt sich nach einem von den Alliierten anerkannten und unterstützten Sturz Hitlers an der Neuordnung seines Landes beteiligen zu können, wurden Bonhoeffer und seine Mitverschwörer auf persönliche Anordnung Hitlers wenige Tage vor Kriegsende umgebracht. Und ungeachtet des Drängens von Bell als Mitglied des britischen Oberhauses hatten die alliierten Führer die Ansinnen der deutschen Widerstandsbewegung ignoriert.

Nach dem Ende des Krieges jedoch sollte sich das Blatt wenden: Der einst von beiden Seiten – Hitler und den Alliierten – zur Bedeutungslosigkeit verurteilte Kampf des deutschen Widerstands sollte zum Mutterboden der Versöhnung beider Völker werden. Der Wiedereingliederung der deutschen Nation in die Gemeinschaft der Nationen 1949 wurde durch die vorausgehende Versöhnung der deutschen Kirchen mit der Gemeinschaft der Kirchen der Ökumene 1945 der Boden bereitet.

Diese Versöhnung wiederum wurde auch deshalb möglich, weil die Kirchen auf beiden Seiten sich im Geiste der Freundschaft zwischen Bell und Bonhoeffer wiedererkennen konnten – einer Freundschaft, die durch Bonhoeffers Martyrium nun frei war von den Begrenzungen historischer Partikularität wie der privaten Sympathien zweier Männer füreinander. Die Freundschaft von Bell und Bonhoeffer durfte so im vollen Sinne des Wortes »repräsentativ« werden, indem sie dazu beitrug, Deutschland wieder in der Gemeinschaft der Kirchen und Nationen willkommen zu heißen.

Die erstaunliche Geschichte der Versöhnung von Briten und Deutschen nach der Katastrophe wurde nicht zuletzt dadurch ermöglicht, dass die Briten Deutschland auch als Land zu sehen vermochten, das einen Bonhoeffer hervorbrachte, dessen Büste heute neben neun weiteren Märtyrern der Kirche hoch erhaben über dem Portal von Westminster Abbey in London thront; und die deutschen Kirchen konnten diesen Händedruck als Angebot einer Kirche und eines Landes annehmen, das einen George Bell hervorgebracht hatte, der sich schon zu Kriegszeiten gegen die totale militärische Vernichtung Deutschlands stark gemacht hatte.

Dieses Erbe der Widerstandskämpfer im »Dritten Reich« wird freilich durch eine aktuelle Sprachpolitik geschmäht, die im angelsächsischen Bereich aufkam und mittlerweile völlig unkritisch auch in den öffentlichen Medien und Diskursen in Deutschland im Hinblick auf die Hitlerdiktatur in Deutschland übernommen wurde. Wer heute kollektiv von »Nazi-Deutschland« spricht, erklärt die Widerstandskämpfer erneut zu bedeutungslosen Randnotizen. Schlimmer noch: Er nimmt damit genau den Anspruch der nationalsozialistischen Ideologen in seine eigene Sprachpolitik auf – ein Anspruch, der ja genau darin bestand, Deutschland mit der Herrschaft dieser Ideologie und seiner Repräsentanten in eins zu setzen und alle »unpassenden« und unangepassten Elemente zum Verstummen zu bringen oder gar auszumerzen.

Der Anspruch jener Widerstandskämpfer, zu denen Dietrich Bonhoeffer gehörte, war demgegenüber eben gerade, zu zeigen – auch dem Ausland –, dass es auch ein anderes Deutschland als jenes »Nazi-Deutschland« gab: gewiss klein, und ganz gewiss zu klein, aber eben doch existent und von einer Bedeutung auch für die Nachwelt, die die Größe der Bewegung bei Weitem übersteigt und darum sprachpolitisch nicht diskreditiert werden sollte.

VI. Historische Fiktion: Der Bonhoeffer des Theaterstücks

Vieles von den bisher angesprochenen Komplexitäten des Widerstands in Deutschland findet Widerhall in Douglas Huffs Drama. Das Theaterstück hat mich gerade auch deshalb motiviert, eine deutschsprachige Version herauszugeben, weil es der Versuchung widersteht,

Bonhoeffer als Helden des Widerstands gegen den Totalitarismus zu zeichnen – und das, obwohl dem Autor als Amerikaner die Neigung zu Heroisierungsnarrativen nicht fremd sein dürfte. Nicht von ungefähr hat sich die junge amerikanische Nation durch solche Narrative immer wieder ihrer Identität zu vergewissern gesucht – Narrative, die durch Hollywood zu universaler Verbreitung kamen und von deren Geist auch die in den USA erschienenen Biografien Bonhoeffers nicht immer frei sind.[4]

Huffs Theaterstück aber zeigt Bonhoeffer nicht als Heroen, sondern als Zeugen eines Gottes, der Menschen zu konkreter, praktischer Mitmenschlichkeit befreit, indem er sie vom ewigen Kreisen um sich selbst befreit. Diese Differenz von »Zeugen« und »Heroen« plausibilisiert das Stück auch dadurch, dass es Bonhoeffers Beitrag zum Widerstand nicht isoliert hervorhebt, sondern ihn als Teil einer Bewegung charakterisiert. Das Stück zeigt Bonhoeffer als Mitarbeiter einer Gruppe von Menschen im politischen Widerstand, innerhalb derer er zwar eine eigene, unvertretbare Rolle einnimmt, die gleichwohl die Rollen anderer nicht überstrahlt oder absorbiert. Dieser Sachverhalt – gewiss historisch korrekt – spiegelt sich im Drama darin, dass die Rolle des Hans von Dohnanyi mindestens ebenbürtig erscheint – einer Figur, der Bonhoeffer zuarbeitet und mit der im Dialog die theologischen, politischen und

[4] Eric Metaxas, Bonhoeffer: Pastor, Martyr, Prophet, Spy. A Righteous Gentile vs. the Third Reich, 2010.

menschlichen Tiefenspannungen hervortreten, die das Stück vorantreiben.

In diesem Sinn – des Anti-Heroischen – lässt sich auch verstehen, warum Huffs Charakterzeichnung Bonhoeffers im Stück das preußisch-großbürgerliche Element betont und ihn mit einer kommunikativen Direktheit und rhetorischer Schärfe auftreten lässt, die zuweilen die Frage nahelegt, ob Bonhoeffer hier ausreichend »sympathisch« porträtiert ist. War er denn wirklich so brüsk, wie er sich gelegentlich seinem Gefängniswärter gegenüber gibt?

Als ich im Jahr 2006 in Oxford eine internationale Konferenz[5] anlässlich des hundertsten Geburtstages Bonhoeffers organisierte und es dabei zu einer Teil-Aufführung des vorliegenden Theaterstücks kam, war die Reaktion einer an der Konferenz beteiligten Zeitzeugin aufschlussreich: Renate Bethge, Nichte Bonhoeffers und Ehefrau seines besten Freundes, die selbst als Figur im Theaterstück auftaucht, äußerte hinterher: »Dietrich war allerdings doch anders.« Die Frage ist nun freilich: Für wen und gemessen woran? Gewiss wird Bonhoeffer im engen Familienkreis anders agiert haben und entsprechend anders wahrgenommen worden sein als etwa in akademischen Debatten oder im Zusammenhang seiner Aktivitäten im Widerstand.

[5] Vgl. den aus Konferenzbeiträgen entstandenen Band: B. Wannenwetsch (Hg.), Who am I? Bonhoeffer's Theology through his Poetry. Bloomsbury Publishing, 2009.

Worauf es in einem Theaterstück ankommt, ist nicht eine Zeichnung von Charakteren, die gleichsam fotorealistisch möglichst nahe an der historischen Wirklichkeit liegt, sondern eine Darstellung, die es dem Publikum heute ermöglicht, in die dramatischen und dialogischen Zusammenhänge der Handlung einzutauchen und die »Botschaften« der Zeugen von damals heute aufs Neue wahrzunehmen. Dazu gehört auch die künstlerische Freiheit, historische Geschehnisse und Umstände in der Darstellung zu verdichten. So finden sich Bonhoeffer und von Dohnanyi in Huffs Bühnenstück im gleichen Internierungslager vor – ein Umstand, der, obgleich von der Historie nicht verbürgt, einen fortgesetzten (durch die Figur des Wächters vermittelten) Dialog der beiden ermöglicht, in dem sich Aspekte der Entwicklung der inneren Wege beider Männer zeigen lassen, wie es anders nicht möglich gewesen wäre.

In diesem Sinn äußert sich David Olson[6], künstlerischer Leiter von »Theaterworks«, der bei einer Aufführung des Stücks auch selbst Regie führte und dessen Vater als Oberfeldwebel persönlich an der Befreiung des KZs Buchenwald mitwirkte, in dem Bonhoeffer nur wenige Wochen zuvor kaserniert gewesen war:

»Der innere Raum des Stücks handelt vom Unausgesprochenen und vom Schweigen. ... Es zwingt einen zu der Frage: Was würde ich tun, wenn das Leben Angst macht und keine Belohnung bietet? ... Junge Menschen

---

[6] Telefoninterview vom 25.1.2010, Transkript vom Autor des Dramas zur Verfügung gestellt.

verstehen nicht ganz leicht, dass das Richtige zu tun nicht immer gefeiert oder anerkannt wird. Bonhoeffer kämpft bis zu den letzten Sekunden des Stücks darum, [moralisch verantwortlich] zu handeln.« Olson glaubt, dass das Publikum diesen Bonhoeffer sehen muss, »weil wir immer noch auf der Suche nach einem Helden zu sein scheinen. Es gibt etwas in unserer Kultur, das uns erlaubt, den einfachen Weg zu gehen und Optionen abzuwägen, statt zu handeln.«

Der Dramatiker Huff selbst gibt an,[7] in der Konzeption des Stücks Goethes Richtlinien für das Schreiben von historischen Dramen befolgt zu haben, indem er Ereignisse neu anordnete und Charaktere kombinierte. So wurde die deutsche Widerstandsbewegung auf wenige Personen reduziert. Die Figur des Hans von Dohnanyi ist im Stück »eine Synthese aus dem historischen Hans – Richter am Staatsgerichtshof, streng, logisch, analytisch – und dem historischen General Hans Oster mit seinem spöttischen Sinn für Humor«. Auch die Verdichtung historischer Ereignisse gehört zum methodischen Arsenal historischer Fiktion. So gibt Huff an: »In dem eigentlichen selbstmörderischen Hinrichtungsplan habe ich mindestens drei historische Attentatsversuche kombiniert.« Bei der Charakterisierung eines Bonhoeffer, der für das heutige Publikum von Bedeutung ist, sah sich Huff von der Intention geleitet, »ihn nicht zu einem Heiligen zu machen und

[7] Telefoninterview mit Theater Works vom 26.1.2010, vom Autor zur Verfügung gestellt.

dennoch der Position des Theologen treu zu bleiben, die ihn dazu zwang, so zu handeln, wie sich jeder hätte verhalten sollen. Ich sehe das Theater als eine Art moralisches Labor, in dem sich eine bestimmte Figur in einer bestimmten Situation auf eine Art und Weise verhält, die für uns neu ist.«

Himmelfahrt 2023
Bernd Wannenwetsch

Bernd Wannenwetsch lehrte als Professor für Systematische Theologie und Ethik an den Universitäten Oxford und Aberdeen, gegenwärtig u. a. an der Freien Theologischen Hochschule Gießen.

Primärliteratur und ihre Kürzel im Text:

- D. Bonhoeffer: Ethik, hg. von I. Tödt, E. Tödt, E. Feil, C. Green, München 1992 (DBW 6)
- D. Bonhoeffer: London 1933–1935, hg. von H. Gödekin u. a., München 2019 (DBW 13)
- D. Bonhoeffer: Widerstand und Ergebung. Briefe und Aufzeichnungen aus der Haft; hg. von E. Bethge, München 1955 (WuE; DBW 8)

PERSONEN

In der Reihenfolge des Erscheinens

DIETRICH	Dietrich Bonhoeffer, Theologe, Pastor, Mitglied der Bekennenden Kirche und der politischen Widerstandsgruppe, die sich innerhalb des Militärs und des Geheimdienstes um Admiral Canaris und General Oster gebildet hatte. Bruder von Christine, der Ehefrau Hans von Dohnanyis.
WÄRTER	Gefängniswärter im KZ Flossenbürg, der Dietrich Bonhoeffer und von Dohnanyi zugeteilt ist. Einziger Gesprächspartner Bonhoeffers in seinen letzten Stunden.
CHRISTINE	Christine von Dohnanyi, geb. Bonhoeffer, ältere Schwester Dietrich Bonhoeffers, Ehefrau von Hans von Dohnanyi.
EMIL	Codename für Adolf Hitler.

RENATE Renate Schleicher, Dietrichs Nichte, Tochter von Dietrich Bonhoeffers ältester Schwester Ursula und ihres Mannes Rüdiger Schleicher, zukünftige Ehefrau seines Freundes Eberhard Bethge.

HANS Hans von Dohnanyi, Ehemann von Dietrich Bonhoeffers älterer Schwester Christine; Jurist, zuerst am Reichsjustizministerium, dann als Sonderführer (nicht-militärisch ausgebildeter Experte im Range eines Offiziers) der »Abwehr« – des militärischen Geheimdienstes, der für Spionage und Spionageabwehr verantwortlich ist. Mitglied der politischen Widerstandsgruppe um Canaris und Oster, für die von Dohnanyi auch seinen Schwager Bonhoeffer rekrutierte.

H. J. Hans jr., jugendlicher ehemaliger Protegé von Hans von Dohnanyi, der versucht, Karriere bei der geheimdienstlichen Abteilung der SS als Untersturmführer zu machen.

RAEDER Fiktiver Sturmbannführer der SS, innerhalb der geheimdienstlichen Abteilung der Geheimen Staatspolizei (Gestapo), die in Konkurrenz zu derjenigen des Militärs stand und insbesondere der Verfolgung von Landesverrat verschrieben war.

DER INHALT IN KÜRZE

In *»Dietrich Bonhoeffer: Ein Lehrstück vom Widerstand in zwei Akten«* werden zwei Handlungsstränge zusammengeführt: Auf der einen Seite sehen wir Dietrich Bonhoeffer in den letzten Stunden seines Lebens im April 1945 in einer KZ-Zelle, mit seinem Wärter im Gespräch; auf der anderen Seite erfahren wir im zweiten Handlungsstrang, wie es in der Vorgeschichte zu seiner Verhaftung und seiner Teilnahme an einer Verschwörung zur Ermordung Adolf Hitlers kam.

Auf der ersten Handlungsebene rekapituliert Bonhoeffer in seiner Zelle, was in den Jahren zuvor passiert ist – bis zuletzt darauf hoffend, dass die Alliierten ihn befreien, bevor es zu seiner Hinrichtung kommt. Mit seinem Wärter führt er währenddessen Gespräche u. a. über Schuld und Verantwortung.

In den parallel ablaufenden Szenen der zweiten Handlungsebene werden die Zuschauer Zeugen davon, wie Bonhoeffer in den ersten Kriegsjahren zuerst die Verstrickung seines Schwagers Dohnanyi in den Widerstand erkennt, dann die Einladung annimmt, an dessen umstürzlerischen Taten mitzuwirken, und später im Rahmen seiner Möglichkeiten seinen Schwager bei dessen todesmutigen Aktionen unterstützt.

Die Verschwörung wird zunehmend lebensbedrohlich, sowohl für die Beteiligten als auch für ihr Umfeld. Aber damit das Unrechtsregime Hitlers beendet werden kann, überschreiten die Akteure ihre Grenzen.

AKT I, SZENE I

Am Morgen des 8. April 1945. Wir befinden uns in einem Gebäude eines deutschen Konzentrationslagers, das früher eine Grundschule war und jetzt für die Unterbringung politischer Häftlinge genutzt wird. Die Schule ist in provisorische Zellen aufgeteilt. Spuren der ehemaligen Schulzimmer sind noch sichtbar. Bonhoeffer sitzt in seiner Zelle an einem Tisch und arbeitet an einem Manuskript.

DIETRICH 8. April 1945. Ein Brief an die Heiden. Brüder und Schwestern, wir sind Deutschland. Wir sind konkurrenzlos. Wir sind die fortschrittlichste Kultur, die die Welt je gesehen hat. Physik und Philosophie gehören uns. Psychologie, Theologie, Archäologie? Alles unser. Unsere Literatur, unsere Musik? Unübertroffen. *Pause.* Und doch. Und doch. Wir haben uns verliebt. Wir haben uns in die Zukunft verliebt. So dachten wir jedenfalls. Tatsächlich haben wir uns in einen kleinen Psychopathen aus Braunau verliebt. Wir wollten es nur nicht wahrhaben. Er besetzte unsere Gerichte und Ministerien mit Schlägern und Mördern – wir wollten es nicht wahrhaben. Er füllte unsere Kirchen und Universitäten mit Feiglingen und Opportunisten – wir wollten es nicht wahrhaben. Er verdarb unsere Jugend und nahm uns unser Eigentum, er ermordete unsere Nachbarn – wir wollten es nicht wahrhaben; wir wollten es einfach nicht wahrhaben. Wir sind Deutschland!

Wärter tritt ein.

DIETRICH Du bist heute früh dran.

Keine Antwort.

DIETRICH Gibt es Essen?
WÄRTER Kein Frühstück heute. Keine Zeit. Sämtliche politischen Gefangenen müssen heute Morgen draußen zusammengetrieben werden.
DIETRICH *Angst in der Stimme* Draußen? Was hat das zu bedeuten?
WÄRTER Die Gestapo ist da. Das muss nichts heißen. Sie sind schon einmal da gewesen.
DIETRICH Aber das ist Monate her. Monate.
WÄRTER Es ist nichts. Nur wegen den Amerikanern.
DIETRICH Was sagen die anderen? Was sagt Dohnanyi dazu?
WÄRTER Er hat's kaum zur Kenntnis genommen.
DIETRICH Was hat er gesagt?
WÄRTER Nicht viel.
DIETRICH Was hat er gesagt?!
WÄRTER Er ist Soldat.

DIETRICH *verärgert* Sag mir auf der Stelle, was er gesagt hat! Sag mir, was er gesagt hat, Wort für Wort!

WÄRTER Er sagte: »Sie werden uns an der Südwand aufstellen, die Urteile verlesen und einen nach dem anderen erschießen, von links nach rechts, in den Hinterkopf.«

DIETRICH *erblasst* Hat er sonst noch was gesagt?

WÄRTER Er sagte auch – und wie Sie verlangen, zitiere ich Wort für Wort: »Wenn Sie es Bonhoeffer sagen, erwähnen Sie unbedingt die Bewegung von links nach rechts. Das wird seinen Blutdruck steigen lassen.«

DIETRICH *lacht erleichtert* Hat mein lieber Schwager noch andere hilfreiche Bemerkungen gemacht?

WÄRTER Er meinte, ich wäre ein »guter Deutscher« … Ich hätte keinen Sinn für Humor.

Wärter tritt ab. Bonhoeffer wendet sich wieder seinem Manuskript zu.

DIETRICH Brüder und Schwestern in Christus, wir sind weit entfernt von jeder Gerechtigkeit und Rechtschaffenheit – sehr weit. Wir strecken uns aus nach Licht, doch Finsternis ergreift unsere Herzen. Wir jammern und schnappen nach Luft. Wir tasten nach der Wand wie Blinde, wir stolpern und schreien im Zwielicht der Dämmerung unseres Lebens. Wir betteln um Erlösung, aber es ist keine in Sicht. Wir sind in Deutschland! Wir sind Deutschland. Wir alle. Bis zum bitteren Ende.

AKT I, SZENE II

Ein Jahr Ende der 1930er. Es ist der Tag vor Weihnachten. Dietrich und seine Schwester Christine befinden sich im Arbeitszimmer ihres Elternhauses in Berlin. Das Zimmer ist weihnachtlich geschmückt. Es liegt direkt neben einem großen Wohnzimmer, das für Empfänge genutzt wird.

DIETRICH Die Kirche ist tot. Eine Kirche, die Juden ausschließt, ist keine Kirche. Eine Kirche, die irgendjemanden ausschließt, ist keine Kirche. Es gibt keine lutherische Kirche mehr in Deutschland.

CHRISTINE Darum habt ihr ja eine andere gegründet.

DIETRICH Ich nicht. Aber ja. Es gibt eine Kirche. Eine neue und selbstständige Kirche ohne Nazis. Eine Kirche, die nicht einknicken wird vor einem kleinen österreichischen Großmaul.

CHRISTINE Er wird dich holen, Dietrich. Emil mag ein Großmaul sein, aber er wird dich holen. Ich hoffe, du und deine preußischen Freunde wissen das.

DIETRICH Wir sind eine Kirche. Wir haben Gemeinden, Seminare. Wir werden vor dem Staat nicht in die Knie gehen.

CHRISTINE Ihr seid alle sehr mutig. Aber was, wenn die Zeit zum Handeln gekommen ist? Was wird eure Kirche dann bereit sein zu tun? Widerstand leisten?

DIETRICH Was immer wir tun können.

CHRISTINE Vielleicht geht es etwas genauer?

DIETRICH Ein Beerdigungsboykott zum Beispiel, wie im Mittelalter. Eine ganze Gegend ohne ordentliche Beerdigungen – glaub mir, das wollen auch die Nazis nicht. Und es gibt noch andere Maßnahmen. *Pause, dann wütend.* Wir sind nicht hilflos! *Pause.* Ich weiß, wie ärmlich und erbärmlich das für dich klingen muss. Sind wir jetzt wirklich wieder zurückgeworfen auf diese ganze »Im Namen Gottes, Amen«-Geschichte? Auf frommes Gewäsch, ausgespuckt von nervösen kleinen Männern im Talar? Das ist es doch, was du jetzt denkst, nicht wahr?

CHRISTINE Nein, natürlich nicht. Entschuldige, dass ich …

DIETRICH *ärgerlich* Ich glaube an einen gefährlichen Gott, Christine. Einen Gott, der sich nicht spotten lässt! Einen Gott, der spricht: »Dies habe ich wider dich!«

Pause.

CHRISTINE Dietrich, würde diese neue Kirche, diese Bekennende Kirche, ihre Prinzipien opfern, um die Welt zu retten? Wäre sie bereit, gegen das Gesetz zu verstoßen? Wäre sie bereit, zu töten? Um ein unschuldiges Kind zu retten?

DIETRICH Alles menschliche Leben ist heilig. Warum ist das immer das Erste, was wir bereit sind zu vergessen?

CHRISTINE Ein unschuldiges Kind, das nie etwas falsch gemacht hat, das immer gut sein wollte, jetzt hilflos, auf sich allein gestellt und unschuldig ...

DIETRICH Die Fragen, die du hier aufwerfen willst, sind zu komplex für solch ein kindisches Beispiel.

CHRISTINE Dann darfst du mich gerne aufklären. Oder soll ich bei deinem Helden Gandhi nachfragen?

DIETRICH Lass den Pazifismus in Ruhe. Er ist ein heiliger Stand. Nichts, was man verspotten darf.

CHRISTINE Wie schwierig es sein muss, Christ zu sein.

DIETRICH Wir sind zu alt für solche Spielchen, Schwester. Wir sind nicht mehr die kleinen Kinder, die sich in Geheimsprache miteinander verständigen.

CHRISTINE Ihr seid alle so furchtbar mutig. Aber es kommt nie etwas dabei heraus.

DIETRICH Dennoch ist es etwas anderes, als Spionage für Emil zu betreiben, oder? Die wenigsten von uns würden Leute heiraten, die für den Führer spionieren.

CHRISTINE Er ist mein Mann und ich liebe ihn sehr.

DIETRICH Wir leiden also aus Liebe, ja? Jetzt weißt du immerhin, wie Sokrates wegen Alkibiades gelitten haben muss. Von Athen ganz zu schweigen.

CHRISTINE Und – gibt es jemanden, den *du* liebst?

DIETRICH Ich liebe meine Schwester. Aber ich kann und werde nicht so tun, als wäre sie nicht mit einem Mann verheiratet, der für das Dritte Reich spioniert – ganz gleich, wie schlagfertig oder attraktiv er auch sein mag. *Pause.* Hat er seine Beförderung mittlerweile bekommen?

CHRISTINE Nein. Aber dieses Mal wird es damit sicher klappen. Es ist alles nicht leicht für ihn.

Renate, Christines Nichte, tritt ein. Sie ist in ihren späten Teenagerjahren.

RENATE Tante Christine, die Leute treffen schon ein. Großmutter möchte, dass du kommst und sie begrüßt. Sie selbst muss rasch runter ins KaDeWe, um Kaffee zu kaufen. Das neue Mädchen hat den Nachschub wieder mal vergessen.

CHRISTINE Sie kann jetzt nicht weg. Was denkt sie sich? Schickt doch einen der Bediensteten los.

RENATE Die haben Angst vor dem Boykott. Außer dem KaDeWe hat nichts offen, und auch das wurde von der SS mit Posten umstellt.

CHRISTINE Sie geht da heute Abend nicht runter. Es ist zu gefährlich.

RENATE Dann gehe ich.

CHRISTINE Sie werden dich nicht durchlassen. Sie werden dich vielleicht schlagen oder in den Verkehr schubsen.

RENATE Ich hab keine Angst. Großmutter und ich machen das die ganze Zeit. Kürzlich hat einer von denen sogar seinen Hut vor uns gezogen.

CHRISTINE Es ist jetzt anders. Schlimmer. Sogar die normalen Leute verhöhnen dich und werfen mit

Sachen, wenn du dich nur in die Nähe eines jüdischen Ladens wagst.

RENATE Onkel Hans könnte mich begleiten.

CHRISTINE Nein, Renate. Frag ihn nicht. Nicht jetzt. Er steht kurz vor seiner Beförderung. So etwas – wenn es eine Szene gibt – könnte alles ruinieren.

RENATE Großmutter sagt, er sei noch nicht befördert worden, weil er hohen Offizieren gegenüber zu respektlos auftritt.

Hans, Christines Ehemann, tritt ein. Er ist Offizier beim deutschen Militärgeheimdienst, aber zu Weihnachten beurlaubt und nicht in Uniform.

DIETRICH Ah, hier kommt unser strahlender Eroberer und Held.

HANS Es ist mir auch eine Freude, dich zu sehen, Dietrich.

DIETRICH Renate braucht deine Hilfe. Sie erwartet Ärger von den üblichen Straßenschlägern.

HANS *zu Renate* Die sollen mich kennenlernen, die es wagen, dir Ärger zu machen.

RENATE Ach, den meisten von denen fehlt's an Grips.

DIETRICH Es könnte zu Schießereien kommen.

CHRISTINE Dietrich, es reicht.

HANS Wir werden vorbereitet sein. *Zu Renate.* Soll ich einen oder zwei Revolver mitnehmen?

RENATE *lächelt* Einer sollte reichen. Es sind selten mehr als zwanzig von ihnen.

HANS *lächelt zurück* Nur ein Revolver also. Dietrich, in der Schublade oben links.

Bonhoeffer, der hinter dem Schreibtisch steht, öffnet die Schublade und holt eine Pistole heraus. Er hält sie überrascht in Händen.

HANS Du brauchst die Waffe nicht zu segnen, Pastor, gib sie mir einfach so.

DIETRICH Was macht der Revolver in Vaters Schreibtisch?

HANS *nimmt Waffe* Erspart mir jedes Mal das Treppenlaufen, wenn ich jemanden erschießen will.

CHRISTINE *zu Hans* Renate und Mutter wollen zum Kaffeekaufen ins KaDeWe. Sie möchten, dass du ihr Leibwächter bist.

HANS Nun, dann wird das hier nicht reichen, wie?

Er geht um den Schreibtisch herum, um die Waffe wegzulegen.

RENATE Es ist nicht so gefährlich, Onkel Hans.

CHRISTINE Renate, bitte. Wenn Hans in ein Handgemenge gerät, verliert er seine Beförderung wieder.

HANS *legt die Waffe weg* Christine hat recht. Nicht heute Nacht.

DIETRICH Unser Kriegerprinz hat doch sicher keine Angst.

HANS Ich habe Angst, meine Beförderung zu verlieren.

DIETRICH Und was könnte wichtiger sein als das?

HANS Ich habe lange darauf gewartet. Länger als jeder andere in der Wehrmacht. Ich habe mir die Beförderung verdient.

DIETRICH Vielleicht sind Juristen heutzutage nicht das, was die Wehrmacht braucht. Vor allem nicht solche, die Hitler auf Cocktailpartys »Emil« nennen. »Emil, der kleine Chauffeur«.

HANS *wütend* Dietrich, es reicht! Nicht heute Nacht! Nicht wegen eines verdammten Streits um Kaffee. Dieses Mal nicht. *Pause. Entspannt sich wieder. Lächelt Renate zu.* Warte, bis ich erst Major bin. Dann wirst du Aktionen zu sehen bekommen.

DIETRICH Und was kommt nach dem Major? Oberst? Und wie lange wird das dauern? *Bereitet sich zum Gehen vor.* Ich komme mit dir, Renate.

RENATE Wir sind gleich zurück. Onkel Dietrich, dein Kollar. Das könnte helfen.

DIETRICH Ja doch. *Holt seinen Klerikerkragen hervor und legt ihn an.* Lass Gott uns beschützen.

Bonhoeffer und Renate treten ab.

CHRISTINE Kannst du nicht etwas tun? Sie könnten verletzt werden.

HANS Nicht einmal für sie.

CHRISTINE Ist es also entschieden?

HANS Wenn ich befördert werde. Wenn nicht, übergehen sie mich für einen höheren Offizier. Graf Stauffenberg wahrscheinlich. Alles hängt an dieser überfälligen Beförderung. Wir müssen vielleicht alle den Preis dafür bezahlen.

CHRISTINE Nicht alles hängt von dir ab, Hans.

HANS Mit mir geht es schneller. Christine, alles wird gut.

CHRISTINE Wage es ja nicht, so von oben herab zu mir zu sprechen! Du wirst vielleicht nicht derjenige sein, der's macht, aber sie werden dich genauso schnell aufhängen wie deine Bomber oder Schützen oder wen immer du auch benutzt. Sogar euer heiliger Admiral wird hängen. Ihr werdet alle gehängt.

HANS Wir brauchen Dietrich.

CHRISTINE *überrascht* Sei nicht absurd. Dafür ist er nicht gemacht.

HANS Ich will ihn.

CHRISTINE Nein.

HANS Christine!

CHRISTINE Nein, Hans. Nein, nein, nein!

AKT I, SZENE III

Gleiche Schule/Gefängniszelle wie in Szene I. Eine Stunde oder mehr ist vergangen. Gespannte Erwartung ist deutlich spürbar. Dies könnte die Todesstunde Bonhoeffers sein. Sowohl er selbst als auch der Wärter sind sich dieser Tatsache offensichtlich bewusst.

WÄRTER Heute kein Frühstück.

DIETRICH Bist du sicher, dass es heute ist?

WÄRTER Die Anweisung ist, wir sollen uns bereithalten. Kein Frühstück. Die politischen Gefangenen sollen sich draußen versammeln. Heute kein Frühstück.

DIETRICH Ich will kein Frühstück! *Pause.* Warum sitzt du überhaupt hier? Machst du dir Sorgen, dass ich entkommen könnte?

WÄRTER Es gibt kein Entkommen.

DIETRICH Wenn die Zeit gekommen ist, und die Amerikaner, dann wird Dohnanyi dich töten. Sitzt du deshalb hier bei mir? Weil du denkst, du wärst hier sicherer? Sogar ich könnte versuchen, dich zu töten.

WÄRTER Das hat keinen Sinn. Ich habe keine Pistole. Keine Waffe. Ist mir nicht erlaubt.

DIETRICH Du bist wirklich ganz unten – unterste Sprosse auf der Hühnerleiter des Dritten Reichs, nicht wahr? Wie in Gottes Namen bist du überhaupt hierhergekommen?

WÄRTER Sie kamen und nahmen Männer aus dem Dorf mit, um sie zu Wachmännern zu machen.

DIETRICH Wer hat dich mitgenommen?

WÄRTER Die SS.

DIETRICH Haben dich dazu gezwungen, richtig?

WÄRTER *ängstlich* Ich hab etwas Brot. *Er schaut in seinen Rucksack.*

DIETRICH Du hast dich freiwillig gemeldet. Sie hatten Jobs zu vergeben, sie brauchten Männer, und du hast dich freiwillig gemeldet.

WÄRTER *schaut in den Rucksack* Es gibt auch etwas Obst. Meine Frau weiß, wo man welches auftreiben kann.

DIETRICH *nimmt Brot* Hast du keine Angst, Essen an Gefangene weiterzugeben?

WÄRTER Sie scheren sich weniger um die politischen Gefangenen. Da ist es nicht so gefährlich. Den Juden etwas zu geben, das ist etwas anderes. Auch nur ein Stückchen Brot … sehr gefährlich, den Juden etwas zu geben.

DIETRICH Hast du es jemals getan?

WÄRTER Nein.

DIETRICH Nicht einmal ein Stückchen Brot?

WÄRTER Nichts. Ich hatte es nicht so mit Juden. Hatte auch Angst.

DIETRICH Angst vor allem – außer vor Gott.

WÄRTER Die Toten … die Leichen machten mich krank. Die anderen haben mich ausgelacht. Ich wäre so weich wie eine Frau. Ich war … ich habe ihnen gesagt, sie sollen den Juden mehr zu essen geben. Dann würden sie härter arbeiten.

DIETRICH Nutzlos für die Sterbenden, nutzlos für die Mörder. Also haben sie dich zu uns geschickt. Zum Entleeren von Nachttöpfen und zum Schrubben von Böden. Nach Pisse riechen und darauf warten, dass die Leute sterben.

WÄRTER Das ist mein Job.

DIETRICH Und es bringt Geld in deine Tasche, nicht wahr? Essen. Die Leute verhungern, aber du hast zu essen. Abends gehst du nach Hause zu deiner Frau, zu einem gedeckten Tisch, zu etwas Tabak und einem guten Bier.

WÄRTER Es gibt kein Bier.

DIETRICH Oh, Verzeihung. Ich bin schon zu lange hier drin.

WÄRTER Es gibt auch sehr wenig Tabak.

DIETRICH Aber deine Nachbarn haben noch weniger, wette ich. Sie beneiden dich.

WÄRTER Ich ernähre meine Familie.

DIETRICH Was Sokrates nicht konnte. *Pause.* Denkst du eigentlich jemals an sie? Wenn du zu Hause bist, vor deinem Kamin, eine Decke über den Knien, Pfeife im Mund? Zieht da nicht manchmal eine schwarze Wolke über das Dorf und vermischt sich langsam mit dem Rauch des Küchenherds? Oder erstickt der Duft von warmem Brot und Brathähnchen jeden anderen Geruch? *Pause.* Nimm dein Brot. Und verschwinde.

Wärter bewegt sich nicht.

DIETRICH Kannst du nicht hören?! Geh mir aus den Augen!

WÄRTER Der Major sagte, ich dürfe nicht von Ihrer Seite weichen.

DIETRICH Dohnanyi?

WÄRTER Er sagte, Sie dürften nicht allein gelassen werden. Man ist besser dran, wenn man nicht allein ist.

DIETRICH Dohnanyi hat dich geschickt? Ein Geschenk von Hans, und du warst alles, was er hatte? Ein Abschiedsgeschenk. Wie könnte ich das ablehnen wollen? *Pause.* Ich habe Hans gehasst.

WÄRTER Niemand kann den Major hassen.

DIETRICH Oh doch, ich habe ihn gehasst. Doktor der Rechtswissenschaften – und dient gerne in Emils Armee. Kannst du dir das vorstellen? Die Kirchen und Universitäten waren voller Leute, die es mit Emil hielten. Aber seinen Beruf aufzugeben, um zur Wehrmacht zu gehen? *Pause.* Es wäre mir nie in den Sinn gekommen, dass die Motive eines anderen reiner sein könnten als die meinen. Tatsächlich war ich von Heiligen umgeben und habe Lügen über sie erzählt. Ich wusste nicht Bescheid und konnte es nicht glauben. Ich brauchte ein Zeichen. *Pause. Schaut aus dem Fenster.* Heute sollte mein Hochzeitstag sein. Meine

Schwester hatte recht. Es war ein Fehler zu warten. Wer wird uns nun Salz und Brot bringen? Wer bringt mir jetzt einen Rosenkranz?

Schrilles Pfeifen von draußen bringt die Szene zum Abschluss.

AKT I, SZENE IV

Zurück am Schauplatz der Weihnachtsfeier. Eine halbe Stunde ist vergangen. Hans ist allein im Zimmer. Christine tritt ein. Als sie die Tür öffnet, sind Geräusche einer großen Gesellschaft zu hören.

CHRISTINE Sie sind zurück.

HANS Ist alles in Ordnung?

CHRISTINE Ja, Gott sei Dank. Sie wurden abgewiesen. »Nach Hause abkommandiert«, wie Mutter sagt. Sie ist außer sich. Ich bin mir nicht sicher, wen sie am meisten hasst: dich, die Nazis oder das Mädchen, das den Kaffee vergessen hat.

HANS Sie wird ihren Kaffee früh genug bekommen. Ich habe eben am Hauptbahnhof angerufen. Sie schicken jemanden mit ein paar Pfund her. Spione haben immer ihren Kaffee. Wir sind die besten Schmuggler der Welt.

CHRISTINE Seid ihr auch die besten, wenn es ums Töten geht?

HANS Wir denken schon.

CHRISTINE Und das geht nicht ohne Dietrich?

HANS Pastoren. Theologen. Sie dürfen ins Ausland reisen: ökumenische Konferenzen, wissenschaftliche Tagungen, kirchliche Synoden. Dietrich und einige seiner Freunde, ich will auch Bethge. Sie werden unsere Verbindung zu den Briten sein.

CHRISTINE Den Briten? Das ist Landesverrat!

HANS Ein Staatsstreich. Wir brauchen jede internationale Unterstützung, die wir bekommen können.

CHRISTINE Man wird es Verrat nennen.

HANS Unsere Verpflichtung besteht allein unserem Land gegenüber. Sie bestand nie gegenüber jemand anderem. Wir brauchen das Versprechen der Nichteinmischung. Und Großbritannien ist der Schlüssel dazu. Von Hassell wird über den Vatikan mit ihnen Verbindung aufnehmen. Dietrich wird Bischof Bell in Schweden kontaktieren, dann geht es von Bell zu Lord Eden, und von Eden direkt in die Downing Street. Einfach und effizient.

CHRISTINE Und hier? Nach dem *Putsch?*

HANS General Beck wird Regent. Goerdeler Bundeskanzler. Außerdem Admiral Canaris, General Oster und viele andere. Sogar dein Mann wird an der neuen Regierung Deutschlands mitwirken.

CHRISTINE Eine Militärdiktatur.

HANS Wir werden die Monarchie wiederherstellen. Vorausgesetzt natürlich, wir finden ein Mitglied der königlichen Familie, das des Lesens und Schreibens mächtig ist.

CHRISTINE Keine Demokratie?

HANS Nicht machbar.

CHRISTINE Und du glaubst, die Briten würden eine Diktatur unterstützen? Wir brauchen Demokratie.

HANS Später vielleicht.

CHRISTINE Warum ausgerechnet du? Warum Dietrich? Warum Klaus und Rüdiger? Warum unsere Familie? Wenn eure Admirale und Generäle Emil tot sehen wollen, warum tun sie es dann nicht selbst? Sie sind doch diejenigen, die Zugang zu ihm haben. Nicht du.

HANS Und wie sollten sie das deiner Meinung nach tun? Einen Termin vereinbaren und sich in seiner Gegenwart in die Luft jagen?

CHRISTINE Wenn es das ist, was es braucht.

HANS Sie können sich schlecht umbringen und gleichzeitig das Land regieren, nicht wahr?

CHRISTINE Andere könnten es ausführen.

HANS Wir brauchen hochrangige Offiziere – Männer wie Beck und Canaris. Und wir brauchen sie lebend. Ohne sie haben wir keine Armee, keinen Kronprinzen, keine Unterstützung durch das Volk. Ohne sie keinen Putsch. Wir töten nicht einen Wahnsinnigen, damit ein anderer seinen Platz einnehmen kann. *Blickt auf seine Uhr.* Hast du da draußen den kleinen Hans gesehen?

CHRISTINE Nein, warum? Seine Familie ist doch vor Jahren weggezogen. Warum sollte er heute hier sein?

HANS Weil ich ihn eingeladen habe. Ich werde ihn nach München verlegen lassen. Habe dort einen Platz für ihn freigehalten.

CHRISTINE Bist du sicher, dass er das will? Er ist noch sehr jung.

HANS Ich brauche Leute, denen ich vertrauen kann. Wenn es ihm zu viel wird, bringe ich ihn in irgendeinem Büro unter. Er mag dann vor Langeweile sterben, aber er wird in Sicherheit sein.

CHRISTINE Langsam, Hans. Du hast ihn ein ganzes Jahr lang nicht gesehen. Dinge ändern sich.

HANS *lacht* Er ist doch unser kleiner Hans, Christine. Mein Schatten! Um Himmels willen, wir haben ihn praktisch großgezogen. Denk nur daran, wie ich ihm damals sagte, kleine Jungen mit reinem Herzen könnten auf dem Wasser laufen, und wie er gleich auf den Genfer See ... *Lacht.*

CHRISTINE Eine Nachbarin meinte, er wäre in die Hitlerjugend eingetreten.

HANS Das ist nur seine verrückte Mutter. Sie war schon Nazi, da gab es die Nazis noch gar nicht. Mach dir keine Sorgen um den kleinen Hans. Wenn sie dafür ist, ist er dagegen.

Bonhoeffer tritt ein.

DIETRICH Dachte, ihr wollt sicher wissen, dass euer Kaffee angekommen ist. Und Hans: Mutter will dich nicht länger wegen Feigheit vor dem Feind erschießen lassen.

HANS Dann dürfte es nun wohl auch einigermaßen sicher sein, den Raum zu verlassen, oder? *Zu Christine.* Ich will sehen, ob ich den kleinen Hans irgendwo finde.

Hans verlässt den Raum.

DIETRICH Du weißt, was ich von Hans denke. Aber ich hätte niemals gedacht, dass er sich so verhalten würde. Nicht wegen irgendeiner Beförderung.

CHRISTINE Er ist jetzt Soldat. Er will der beste Soldat der Welt werden. Die meisten Männer wollen in irgendetwas die Besten sein. Sogar die Philosophen.

DIETRICH Plato sein zu wollen ist eine Sache. Spionieren wie Alkibiades ist eine andere …

CHRISTINE Was aber, wenn Alkibiades für Athen mehr wäre? Mehr als ein bloßer Verräter?

DIETRICH Christine, Athen wurde zerstört. Sollte Alkibiades versucht haben, Athen zu retten, so ist er jedenfalls gescheitert. Du kannst kein Held sein, wenn du versagst.

CHRISTINE Würdest du notfalls für dein Land töten, Dietrich?

DIETRICH Töten ist einem echten Christen verboten.

CHRISTINE Das habe ich dich nicht gefragt.

DIETRICH Liebe Schwester, ich bin es müde. Ich weiß nicht, warum du darauf bestehst, diese Spiele zu spielen … Gibt es etwas, das du mir sagen willst?

CHRISTINE *lächelt* Ich dachte, du wolltest keine Spielchen?

HANS *platzt ins Zimmer* Was zum Teufel macht ein Sturmbannführer der SS in diesem Haus?!

CHRISTINE Was? Hier? Bist du sicher?

HANS Sieh selbst.

CHRISTINE Wo ist Mutter?

HANS Bewacht die Tür. Denkt, sie sind hinter unserem religiösen Abtrünnigen her. Dietrich vergaß zu erwähnen, dass ihm die Einreise nach Berlin verboten wurde.

CHRISTINE Dietrich? Ist das wahr?

DIETRICH Nur eine vorübergehende Anordnung. *Zu Christine.* Der Beerdigungsboykott. Wir haben ihn bereits begonnen.

CHRISTINE *zu Hans* Kennst du den Mann?

HANS Ich habe ihn schon einmal gesehen.

CHRISTINE Da muss ein Fehler passiert sein.

HANS Er hat eine Einladung! Wie kommt er an eine Einladung?!

Der kleine Hans erscheint in der Tür. Er trägt eine schwarze SS-Uniform.

H. J. *Ich* habe ihm die Einladung gegeben.

HANS *dreht sich schnell um* Kleiner Hans!

H. J. Heil Hitler!

Hans ist verblüfft über den kleinen Hans in SS-Uniform.

H. J. Sie sind überrascht, nicht wahr, Major?

HANS Ich bin immer noch Hauptmann.

H. J. Hauptmann! Heil Hitler!

HANS Bitte, du verursachst mir Kopfschmerzen.

H. J. Ich habe gerade meine Abzeichen erhalten. *Stellt sich zur Inspektion vor.* Wie gefallen sie dir?

HANS Du kannst dir gar nicht vorstellen, wie sie mir gefallen.

CHRISTINE Kleiner Hans, was für eine Überraschung, dich zu sehen. Nach all der Zeit. Wie geht es deiner Mutter?

H. J. Es geht ihr gut, danke.

CHRISTINE Du kennst meinen Bruder.

H. J. Pastor. Heil Hitler!

Bonhoeffer reagiert nicht.

H. J. Vielleicht bin ich in einem unpassenden Moment gekommen. Ich entschuldige mich.

CHRISTINE Nein, nein. Wir haben dich erwartet. Es ist einfach nur die Überraschung, dich in dieser Uniform zu sehen.

H. J. Ja, ein seltener Anblick, nicht wahr? Ich konnte es kaum erwarten, meinem lieben Mentor das Resultat seiner Arbeit zu zeigen. *Sieht Hans an.* Nichts für ungut, alter Freund, aber du siehst nicht gerade erfreut aus über meinen Erfolg.

CHRISTINE Hans ging es heute Nacht nicht besonders gut.

HANS Nein, nein, Christine. Es geht mir gut. Jetzt wieder. Bin nur ein wenig überrascht. Ich dachte, mich könnte so leicht nichts mehr überraschen, aber weit gefehlt. *Sieht Hans jr. an.* Adrett. Sehr kleidsam, in der Tat. Lass uns dich mal genauer ansehen, von allen Seiten. Dreh dich um. Mal sehen, was ich dir beigebracht habe.

Hans jr. lächelt und dreht sich um. Als er Hans den Rücken zukehrt, fasst ihm dieser blitzschnell mit einem heftigen Griff um den Hals, was Hans jr. fast von den Beinen reißt.

HANS Du dämlicher kleiner Bastard! Das wirst du mir nicht antun, hörst du? Das wirst du mir nicht antun!

SS-Sturmbannführer Raeder tritt ein.

RAEDER Was geht hier vor?!

Hans lässt Hans jr. los. Hans jr. springt auf und grüßt.

H. J. Heil Hitler!
RAEDER *zu Hans jr.* Erklären Sie sich, Untersturmführer!
HANS *zeigt auf Raeder* Was macht diese Person hier?!
RAEDER Die Fragen stelle ich!
HANS Nicht in diesem Haus.

Hans geht zum Schreibtisch und öffnet die »Revolver«-Schublade, um ihn bei Bedarf herauszunehmen.

H. J. Sturmbannführer, das hier ist Major – äh, Hauptmann ...
HANS Raeder, Sie haben hier keine Befehlsgewalt. Ich befehle Ihnen, Ihren sogenannten Adjutanten zu nehmen und sofort zu verschwinden.
RAEDER Wie können Sie es wagen ...

HANS Genug! Sie können solche Täuschmanöver vielleicht mit unwissenden Offizieren durchführen, aber nicht mit dem militärischen Geheimdienst.

RAEDER *richtet sich auf* Bitte, bitteschön. Hier liegt sicherlich ein Missverständnis vor.

HANS Sie wurden gebeten, zu gehen. Zweimal. Wenn Sie dies nicht tun, werde ich eine formelle Anfrage einbringen, warum ein SS-Sturmbannführer am Heiligabend einen Geheimdienstoffizier in seiner eigenen Wohnung belästigen darf. Vielleicht sogar eine Untersuchung einleiten. Ein gründlicher Sicherheitscheck. Ein Persönlichkeitsprofil erstellen lassen. Ein kurzer Blick in die Familienchronik. Habe ich mich verständlich ausgedrückt?

RAEDER Ich versichere Ihnen, es gab keine Belästigung.

DIETRICH *steht* Ich werde bezeugen, dass es die gab. Ich werde im Namen meiner Schwester und ihrer Familie einen formellen Protest beim Verteidigungsministerium einreichen.

RAEDER *starrt Bonhoeffer an* Wie Sie meinen. Ich entschuldige mich für die Störung. Völlig unbeabsichtigt. Wenn Sie uns nun entschuldigen. Leutnant.

Raeder und Hans jr. beginnen zu gehen, wenden sich aber noch einmal um.

RAEDER Oh, eins noch, Hauptmann. Sie befinden sich im Irrtum, was unsere Beziehung zum Geheimdienst angeht. Ab Montag wird es an jedem Geheimdienstposten in Deutschland einen SS-Verbindungsoffizier geben. Unser Untersturmführer hier wird in Ihrem Büro stationiert sein. Er wollte es Ihnen unbedingt selbst sagen. Sagt, er verdankt Ihnen alles. Gute Nacht.

HANS Zeig ihnen, wo die Türe ist, Christine. Und achte darauf, dass sie nichts vom Baum herunternehmen.

Christine, Raeder, Hans jr. treten ab. Hans vergewissert sich, dass die Tür geschlossen ist, dreht sich um zu Bonhoeffer und blickt ihn einen langen Moment an.

HANS Du redest nicht viel über Gott, nicht wahr?

DIETRICH Du hast mich nie danach gefragt.

HANS Solltest du dich nicht für meine unsterbliche Seele interessieren?

DIETRICH Ich bin Theologe. Kein Evangelist.

HANS Du warst nicht so, wie ich das erwartet hätte. Hast nicht darauf bestanden, ein Dankgebet für jedes verdammte Stück Brot im Haus zu beten. Das habe ich immer geschätzt. Es gab nur nie den richtigen Zeitpunkt, dir das zu sagen.

DIETRICH Was willst du?

HANS Du reist doch häufig ins Ausland – Schweden, England?

DIETRICH Wenn es mir erlaubt wird. Warum fragst du?

HANS Wir brauchen dich. Wir brauchen deine Hilfe. Es könnte für viele Menschen von großer Bedeutung sein.

DIETRICH Ein Staatsstreich, nicht wahr?

HANS Einer der größten, die jemals versucht wurden.

DIETRICH Wer wird dabei umkommen?

HANS Wer, denkst du wohl, wird das sein? Und andere mehr. Emil lässt uns keine Wahl. Es muss sein. *Pause.* Stimmst du mir zu?

DIETRICH Jawohl.

HANS Nichts für ungut, Dietrich. Aber wenn es ums Töten geht, geht mir das ein bisschen schnell. Gerade für einen Mann Gottes.

DIETRICH Verwechsle die Ankunft nicht mit der Reise. Die eine ist viel länger als die andere.

HANS Du bist ein ordinierter Pastor.

DIETRICH Gott ruft Menschen, nicht Geister, die das Tageslicht meiden.

HANS Du hast Gelübde abgelegt.

DIETRICH Und die bedeuten was genau? Dass ich nichts tun darf, weil ich Pastor bin?

HANS Nicht, dass man das nicht schon einmal gehört hätte.

DIETRICH Und warum sollte ich mich raushalten? Um meine Unschuld, meine moralische Reinheit zu bewahren? Niemand, der lebt, kann frei von Schuld bleiben. Ihr tut, was notwendig ist.

HANS »Jeder, der das Schwert erhebt, wird durch das Schwert sterben.« Das ist doch noch immer Teil des christlichen Glaubens, oder?

DIETRICH Es bleibt auch gültig. Ohne Sünde zu töten, ist eine Illusion.

HANS Und du bist dennoch bereit, uns zu helfen?

DIETRICH Es ist schlimmer, böse zu sein, als Böses zu tun.

HANS Wenn es im zivilen Bereich getan wird, nennt man es Mord.

DIETRICH Könnte er nicht festgenommen und vor Gericht gestellt werden?

HANS Über diese Möglichkeit sind wir leider schon hinaus.

DIETRICH Was soll ich für euch tun?

HANS Wir werden dich für den Geheimdienst rekrutieren und meinem Büro zuteilen. Du wohnst in einem nahe gelegenen Kloster – ausgerechnet. Von dort aus schicken wir dich ins Ausland, um Nachrichten an das Auswärtige Amt in London zu überbringen. Du bist ein angesehener Theologe.

DIETRICH Ist das von Bedeutung?

HANS Dietrich, wenn eine Geheimdiensteinheit aus einem fremden Land, einem Land, das du für gefährlich und kriegerisch hältst, mit dem Plan zu dir käme, ihren Anführer, die Person, die du am meisten fürchtest, zu ermorden, würdest du ihnen vertrauen? Wie solltest du auch? Wenn aber dieser sogenannte Widerstand auch von Teilen der Kirche und internationalen Gelehrten getragen würde, würdest du vielleicht innehalten. Vielleicht würdest du dann sogar darüber nachdenken, mit ihnen als legitime Regierung Deutschlands einen Vertrag auszuhandeln. Aber das alles braucht Zeit. Wir müssen anfangen, diese Gespräche aufzunehmen. Du wirst ständig hin- und herpendeln.

DIETRICH Ich werde alles tun, um euch zu helfen.

HANS Mit allem, was dazugehört?

DIETRICH Ja.

HANS Danke. Wir alle danken dir. Da ist nur ... Es gibt da noch eine Sache, die du wissen musst ... Wir brauchen dich, ja – aber wir können es auch ohne dich schaffen. Das musst du verstehen.

DIETRICH Was willst du damit sagen?

HANS Wir sind in Deutschland. Es käme einem Wunder gleich, wenn wir *nicht* entdeckt würden. Das musst du mitbedenken – was geschieht, falls wir erwischt werden.

DIETRICH Sie werden uns töten.

HANS *lächelt* Ja, wir werden zusammengetrieben und wahrscheinlich gehängt. Aber das ist nicht das eigentliche Problem. Wenn dies geschieht, wird es daran liegen, dass einer oder mehrere von uns aufgegriffen und gefoltert wurden, bis sie alle Namen haben.

DIETRICH Ich werde keine Namen preisgeben.

HANS Du wirst ihnen alles geben, was sie wollen. Du wirst die Namen aus voller Kehle herausschreien. Jeder singt. Worauf es ankommt, ist, wann du redest. Nicht ob. Du musst wissen, was dich erwartet. Wenn es dich erwischen sollte.

DIETRICH Es wird furchtbar sein, ganz sicher.

HANS Das ist ja das Überraschende. Es tut gar nicht so weh. Jedenfalls nicht am Anfang. Natürlich ist es schmerzhaft. Aber du rechnest ja damit, dass es schmerzhaft ist. Das kalte Wasser, das Klatschen, Schlagen, der Schlafmangel, die Nadeln in deinen Beinen, das Gebrülle. Aber das Erschreckende, das wirklich Beängstigende ist, dass du immer weißt: Dies ist nur der Anfang. Egal, was sie dir antun, du weißt, der nächste Moment könnte schlimmer sein. Viel schlimmer. Du weißt nur nicht, was sie als Nächstes planen. Das ist die Hölle.

DIETRICH Was kann alles dazugehören?

HANS Wenn sie die schlimmste Runde einläuten, wird es zuerst Schläge geben. Dann kommen wohl die Fingernägel raus. Aus irgendeinem Grund haben's die Nazis mit Fingernägeln. Als Nächstes kommen Haare und Zähne. Die bohren sie voller Löcher. Aber damit kann man leben. Deine Haare verlierst du sowieso irgendwann, und überkronte Zähne lassen jeden wie einen Filmstar aussehen.

DIETRICH Und was ist mit den Fingernägeln?

HANS Brauchst du auch nicht. Die Schmerzen sind entsetzlich, aber währen nicht lange. Wenn es sein müsste, könnte man sie sich auch selbst herausziehen.

DIETRICH Und die Augen?

HANS Magst du Musik?

DIETRICH Die Ohren?

HANS Mach dir keine Sorgen um Augen und Ohren. Zuerst werden sie dich kastrieren.

DIETRICH Womit wir wieder beim Kloster wären ...

HANS Aber denk dran, du kannst ihnen immer etwas preisgeben. Du kannst ihnen meinen Namen geben. Du kannst ihnen alles geben, was du weißt. Nur nicht zu früh. Nicht für Fingernägel. Solange sie Informationen brauchen, sind wir noch im Geschäft. So lange haben wir noch eine Chance.

DIETRICH Wie lange kann ein Mensch durchhalten?

HANS Niemand kann das im Voraus wissen. Es ist wie mit deinem Himmel. Alle werden sehr überrascht sein. Also bedenke: Wenn ich dran bin, werde ich ihnen deinen Namen nennen. Ich werde ihnen alles geben, was sie wollen, nur um die Schmerzen zu stoppen, wenn auch nur für ein paar Sekunden. Verstehst du?

DIETRICH Ja.

HANS Wir sind keine Heiligen, Dietrich. Wenn wir scheitern, sterben wir. Aber auch wenn *wir* gewinnen, wird Blut fließen. Sie werden alle hingerichtet. Tausende von ihnen.

DIETRICH Aber zuerst werden sie vor Gericht gestellt.

HANS Das spielt keine Rolle. Sie werden sterben. Sie alle.

DIETRICH Hans, es muss aber rechtmäßig zugehen, dem Gesetz muss Genüge getan werden.

HANS An dem Tag, an dem es passiert, werde ich mit drei Einheiten vor dem Hauptquartier der Gestapo in Wartestellung sein. Und jeder in diesem Gebäude wird sich der Verhaftung widersetzen. Offiziere, Sekretäre, Hausmeister. Jeder Einzelne von ihnen!

DIETRICH Das würdest du nicht tun.

HANS Lass mich nicht im Stich an jenem Tag.

AKT I, SZENE V

Schule/Gefängniszelle. Es ist jetzt Vormittag desselben Tages.

WÄRTER Sie sollten etwas essen. Der Major sagt, ein Mann ist stärker mit vollem Magen.

DIETRICH Hat er denn gegessen?

WÄRTER Jawohl. Er bereitet sich vor. Er ist Soldat.

DIETRICH *nimmt etwas Brot* Wir sind heute alle Soldaten.

WÄRTER Professor. Ich möchte Sie etwas fragen, wenn ich darf.

DIETRICH Frage nur.

WÄRTER Herr Professor, Sie schreiben. Jeden Tag. Ich beobachte Sie schon die ganzen Wochen über. Worte, Worte. Was schreiben Sie denn eigentlich?

DIETRICH Unsinn. Ich schreibe Unsinn.

WÄRTER Was Sie schreiben, muss wirklich wichtig sein, denke ich. Sehr wichtig.

DIETRICH Ein Kritiker mit positiver Einstellung: genau das, was die Welt braucht.

WÄRTER Ich habe hier viele Männer gesehen. Nicht einer von ihnen hat so etwas getan wie Sie. Jeden Tag. Es muss sehr wichtig sein.

DIETRICH Eines Tages kann deine Frau damit ihren Herd anzünden.

WÄRTER Was Sie schreiben – worum geht es da?

DIETRICH Richtig und falsch. Gut und böse.

WÄRTER Ah ja. Sie sind Philosoph.

DIETRICH Was ich mache, würde der Philosophie gut anstehen. Ich bin Theologe.

WÄRTER Ja, natürlich. Ein Philosophen-Priester. Weiß ich ja. Wie Jesus.

DIETRICH *lacht* Jesus war Philosoph, tatsächlich?

WÄRTER Natürlich. Der größte unter den Philosophen.

DIETRICH *amüsiert* Ich nehme an, er war auch der größte Mediziner, der größte Arzt?

WÄRTER Er hat Männer aus dem Grab geholt, nicht wahr? Blinde geheilt. Lahme gesund gemacht. Der größte. Ganz sicher.

DIETRICH Und das alles, ohne jemals eine Gebühr zu erheben. Nur vielleicht ein wenig schwach auf der Brust, was Wirtschaft angeht, findest du nicht?

WÄRTER Er war der Größte von allem.

DIETRICH Nun, seine Popularität bei den Steuereintreibern ist jedenfalls nicht zu leugnen. Gebt dem Kaiser, was dem Kaiser gebührt. Und dem Kaiser gebührt jede Münze, die du hast. Das macht Sinn für dich, nehme ich an.

WÄRTER So machen wir das in Deutschland.

DIETRICH Und die Kirche geht betteln. Du bist Papist, nicht wahr?

WÄRTER Mein ganzes Leben.

DIETRICH Stolz auf deine Kirche?

WÄRTER Da kann ich mir kein Urteil erlauben.

DIETRICH Viele haben mit den Nazis gemeinsame Sache gemacht.

WÄRTER Sie taten, was sie konnten.

DIETRICH Was für ein unangenehmer Gedanke.

WÄRTER Vielleicht gab es ein paar, die ...

DIETRICH Ja ... die gab es. *Pause.* Wusstest du, dass wir versucht haben, den Führer zu beseitigen? Den kleinen Korporal mit Mundgeruch.

WÄRTER Es gibt Gerüchte.

DIETRICH Wir haben 1938 versucht, ihn zu beseitigen. Er hätte sich der Verhaftung widersetzt.

WÄRTER Über so etwas sollten wir besser nicht reden.

DIETRICH Das Jahr der Kristallnacht – brennende Synagogen, Deportation von Juden. In dem Jahr hat meine Kirche als Geburtstagsgeschenk an Emil verfügt, dass alle Pfarrer ihm persönlich den Treueid zu leisten haben. Unsere Zeit war gekommen. Truppen waren bereit, auf Berlin zu marschieren. Emil fällt in Österreich ein. Triumph. Die Generäle halten inne. Tschechoslowakei. Am Rande eines Weltkrieges. Truppen umzingeln die Reichskanzlei. Chamberlain gibt auf. Triumph. Die Generäle halten inne. 1938. Das Jahr, auf das wir unser Leben lang gewartet hatten.

WÄRTER Solche Sachen sollte man besser nicht erzählen.

DIETRICH Ein Lutheraner bekommt eben selten Gelegenheit zu gestehen.

WÄRTER Es ist gefährlich, so zu reden.

DIETRICH Wir haben es natürlich noch einmal versucht. Und wieder. Und wieder. Die Cocktailparty, die Modenschau, der Berliner Hinterhalt, die Rheinverhaftung, die russische Ausstellung, die Selbstmordaktionen, die Operation Flash. Operationen X, Y und Z.

WÄRTER Nein, Professor, bitte! Reden Sie nicht weiter. Manchmal stellen sie uns Fragen.

DIETRICH Stört dich das? Ein Priester, der töten wollte? Der mehr töten wollte, als er das Leben selbst wollte?

WÄRTER *geht zur Tür* Die Gestapo kommt vielleicht. Und hört zu. Sicherheitsleute sind im Flur. Können wir nicht von etwas anderem sprechen?

DIETRICH Es ging alles so schnell. *Pause.* Pazifismus. Der heilige Stand. Mein ganzes Leben lang wollte ich Pazifist werden. Aber ich hielt mich reserviert. War misstrauisch. Christlicher Pazifismus – sicher, solange kein Krieg in Sicht ist. Die Bergpredigt – vernünftig, solange keine Gefahr droht. Hoffnungslos idealistisch. Dann plötzlich, als die Welt begann, in Flammen aufzugehen, und der Wahnsinn entfesselt wurde, habe ich verstanden, was Christus meinte. Erst dann. Als ich am Rande des Abgrunds stand, als Blut floss und die Wölfe heulten – da verstand ich! Menschliches Leben darf nicht angetastet werden. Doch es machte keinen Unterschied: Ich musste, ja, ich wollte töten.

AKT I, SZENE VI

Arbeitszimmer der Bonhoeffers in Berlin. Ein paar Wochen vor Weihnachten, mittlerweile im Jahr 1943.

CHRISTINE Eine Bombe also?
HANS Mehrere Bomben.
CHRISTINE Wann?
HANS Bald.
CHRISTINE Wie bald?
HANS Heute.
CHRISTINE Heute?
HANS In wenigen Minuten.
CHRISTINE Unmöglich. Er ist in Polen.
HANS Nicht für lange. Heute fliegt er zurück nach Deutschland. *Hans schaut auf seine Armbanduhr.* Etwa um diese Zeit. Du weißt, wie sehr er Weihnachten liebt. Besinnliche Lieder um den Baum. Im Obergeschoss wartet die kleine Eva auf ihn. *Pause.* Wir haben zwei britische Plastikbomben an Bord seines Flugzeugs geschmuggelt. Es wird buchstäblich vom Himmel verschwinden.
CHRISTINE Wo ist Dietrich?

HANS *blickt wieder auf die Uhr* Kein Emil mehr. Kein Himmler, und auch ein paar von den anderen. Vielleicht sogar Göring. Obwohl das nicht bestätigt wurde. Aber das Flugzeug ist voll. Ein Weihnachtsbonus. Admiral Canaris traute seinen Ohren nicht. Er fragte mich, wie es sich anfühlt, ein designierter General zu sein.

CHRISTINE Wie kannst du jetzt nur an so etwas denken?

HANS Warum nicht? Ich werde Canaris in der neuen Regierung ersetzen. In wenigen Minuten werde ich Chef des deutschen Geheimdienstes sein. Und ja, auch General.

CHRISTINE *schaut weg* Wo sind die anderen? Oster, Müller, Dietrich? Wo ist Dietrich?

HANS Hier. In Berlin. Der Rest ist über ganz Deutschland verteilt. Aber in Reichweite einer loyalen Armee-Einheit. Unsere Reihen sind eng geschlossen. Die Stadt ist umringt. Sobald das Flugzeug abhebt, gehen unsere Panzer in Stellung. Und zwar … *Sieht noch einmal auf die Armbanduhr.* … Jetzt!

CHRISTINE Und wenn die Bomben nicht losgehen? Habt ihr einen Plan B?

HANS Sie werden funktionieren. Wir testen sie seit Monaten.

CHRISTINE Warum britische Bomben?

HANS Sie sind leise und lassen sich in alle möglichen Formen gießen. Wir haben ihnen die Form von Cointreau-Flaschen gegeben.

CHRISTINE All diese Menschen, Hans. Die Piloten, Adjutanten, Sekretärinnen, Ehefrauen – alle tot. Kinder. Vielleicht sogar Kinder.

HANS Hör auf, Christine. Nicht einmal die Nazis bringen ihre Familien an die Ostfront.

CHRISTINE Aber es gibt noch andere.

HANS Jeder hat für sich selbst entschieden, dabei zu sein. Sie alle, Schritt für Schritt.

CHRISTINE Das ist nicht wahr, und das weißt du auch!

HANS Christine! Ich brauche dich heute Nacht. Wir kämpfen um unser Leben.

CHRISTINE Hans.

HANS Sie werden uns hängen! *Pause. Wird wieder ruhig.* Wer weiß? Wie du sagst, die verdammten Dinger gehen vielleicht nicht einmal los.

CHRISTINE Nein! Sie müssen. Sie müssen einfach losgehen.

HANS Wenn sie es nicht tun, dann tun sie es nicht. In sechs Wochen wird Emils Autokolonne mit Maschinengewehren und Granaten beschossen werden. Wir nennen es »die italienische Art«.

CHRISTINE Und wenn auch das ...

HANS Dann etwas anderes. So lange, bis wir aufgehalten werden.

Christines Nichte Renate stürzt erschrocken/aufgeregt herbei.

RENATE Tante Christine!

CHRISTINE Was ist?

RENATE An der Tür stehen zwei SS-Offiziere. Großvater ist noch in der Klinik! Was sollen wir tun?

HANS *schaut auf die Uhr* Es ist nichts, Renate. Ich habe sie erwartet.

RENATE *erleichtert* Tut mir leid. Ich hatte solche Angst.

CHRISTINE Das sieht dir gar nicht ähnlich. Stimmt etwas nicht?

RENATE Ich dachte, sie wären meinetwegen hier.

CHRISTINE Warum solltest du …? Was hast du getan, Renate?

RENATE Ich war so dumm. In der Schule. Dieses eine Mädchen, ihre Eltern sind Nazis, sie ist so dämlich. Ich habe mich über sie lustig gemacht. Dass es absurd sei zu glauben, Bolschewiken und jüdische Bankiers hätten sich miteinander gegen Deutschland verbündet. Sie sagte, sie würde mich melden. Der Gestapo. Da bin ich in Panik geraten. Dachte, ich hätte Mutter und Vater, euch alle in Schwierigkeiten gebracht.

CHRISTINE Und was hast du dann gemacht?

RENATE Ich sagte ihr, dass ich ja irren könnte. Dass ich nicht viel über den Nationalsozialismus wisse, aber gerne dazulernen würde. Sie gab mir ein paar idiotische Broschüren zum Lesen. Heute habe ich ihr gesagt, wie überzeugend ich sie fand. Wie sehr sie meine Meinung über alles geändert hätten. Sie meinte, ich sei die Schnellste unter ihren Bekehrten.

HANS *lacht* Gut gemacht, Renate! Schade, dass du nicht beim Geheimdienst bist. Wir könnten so jemanden wie dich gebrauchen.

CHRISTINE Mach dir keine Sorgen. Du hast genau das Richtige getan. Aber bitte … sei in Zukunft vorsichtiger. Behalte deine Gedanken für dich, wenn du in der Schule bist. Traue keinem. Du kannst die SS-Offiziere jetzt hereinbitten.

Renate geht.

CHRISTINE Könnten sie Bescheid wissen? Wäre das möglich?

Hans nimmt einen Schluck Brandy und reicht Christine ein Glas.

HANS Wir werden sehen. Sie sind nicht alle inkompetent. *Hans geht zum Schreibtisch. Er nimmt die Waffe heraus und steckt sie sich in den Rücken.* Wir haben Weihnachten. Setz dein bestes Debütantinnenlächeln auf.

CHRISTINE Nein, tun wir so, als hätten wir Streit gehabt.

Raeder und Hans jr. kommen unangemeldet herein.

HANS Kommen Sie herein, Sturmbannführer. Kleiner Hans. Was wäre Weihnachten ohne die Gestapo?

RAEDER Ihr Sinn für Humor, Major, wurde nie richtig gewürdigt.

HANS Er hat mich immerhin zum ältesten Major der Armee gemacht.

RAEDER Zweifellos. *Er nickt Christine zu.* Guten Abend.

Christine nickt nur.

RAEDER Ich hoffe, wir haben Sie nicht in etwas Wichtigem unterbrochen.

Christine schüttelt den Kopf.

RAEDER Mein Untersturmführer hier kann kaum genug von seinem Mentor sehen, wie mir scheint. Stimmt etwas nicht? Stören wir irgendwie?

HANS Es ist mir peinlich, das zuzugeben, aber Sie haben uns tatsächlich mitten in einem häuslichen Streit erwischt. Ein ziemlich ernster sogar. Ich muss Sie leider bitten, uns ein anderes Mal zu besuchen.

RAEDER Ich fürchte, das geht leider nicht, Major. Sehen Sie, ich habe Grund zu der Annahme, dass Sie nicht sind, was Sie zu sein scheinen.

HANS Hoffen kann man immer.

CHRISTINE Bitte, Herr Sturmbannführer, bleiben Sie doch. Mein Mann ist verstimmt. Ich habe wieder zu viel für Weihnachten ausgegeben. Sie wissen ja, wie wir Frauen sind.

RAEDER Die Sache ist viel wichtiger als eine Weihnachtsgeschichte.

HANS Vielleicht solltest du uns allein lassen, Christine.

RAEDER Nein. Ich denke, sie sollte bleiben.

CHRISTINE Ich bleibe auch lieber. Das ist schließlich mein Haus.

HANS *schaut auf die Uhr* Kommen Sie zum Punkt.

RAEDER Der Punkt, Major, ist, dass jemand versucht, den Führer zu ermorden!

HANS Stimmt.

RAEDER Was? Wer?

HANS Als ich vorhin das Büro verließ, versuchte halb Europa, den Führer zu töten. Wir sind schließlich im Krieg. Wenn Sie ihn mit Ihrer »Prätorianer-Garde« nicht beschützen können, lösen wir Sie gerne ab.

Denken Sie an die Zeit, die wir einsparen könnten, würden wir uns nicht gegenseitig beobachten.

RAEDER *zu Hans jr.* Zeigen Sie ihm den Bericht.

Hans jr. reicht Hans eine Akte, und dieser schlägt sie auf, überfliegt die Seiten.

RAEDER Wie Sie sehen, Major, sind die Feinde des Führers der Heimat viel näher als eine fremde Armee.

HANS *mit Verachtung* Was soll das denn? Bestimmte Militäreinheiten? Ein Unternehmen in Hannover. Ein Jagdgeschwader hier, ein Bataillon dort ... eine Polizeistation? Was ist das für ein Unsinn?

RAEDER Wir haben Gründe, die Loyalität jeder in dieser Akte genannten Einheit zu bezweifeln.

HANS *ironischer Ton* Sie haben doch sicher alle den Treueid abgelegt?

RAEDER Darüber hinaus stehen Sie mit jeder dieser Einheiten seit sechs Monaten wöchentlich in persönlichem Kontakt.

Hans jr. reicht Hans eine weitere Akte.

RAEDER Es handelt sich um Einheiten, die, wenn man sie auf einer Landkarte einzeichnet, eine interessante Matrix in Deutschland und den besetzten Ländern ergeben. Ein virtuelles Spinnennetz gewissermaßen.

HANS Und ich dachte, Sie wären unterbeschäftigt.

H. J. *zu Raeder* Herr Sturmbannführer, die Einsatzleitung des Münchner Bahnhofs.

RAEDER Danke, Untersturmführer. Bis heute ist mehr als die Hälfte Ihrer Abteilung, unter Einschluss von Admiral Canaris, bei einer dieser genannten Einheiten beschäftigt.

H. J. Und ich denke, es ist offensichtlich, Major, dass Sie an keinem ausländischen Geheimdienstprojekt gearbeitet haben, seit ich zu Ihrem Büro gestoßen bin. Außer natürlich, um Ihren Schwager ohne ersichtlichen geheimdienstlichen Grund ins Ausland zu schicken. Er hat bisher keine Meldungen erstattet oder irgendeinen nennenswerten Beitrag zur Arbeit der Abteilung geleistet.

HANS Du warst offenbar richtig fleißig, kleiner Hans.

H. J. Hör auf, mich »kleiner Hans« zu nennen! Ich habe dich schon einmal darum gebeten. Jetzt verlange ich es.

HANS *schaut auf die Uhr* Und Sie, Sturmbannführer, was verlangen Sie?

RAEDER Es gibt eine Verschwörung, den Führer zu ermorden und die Regierung zu stürzen. Alle Beweise, die uns zur Verfügung stehen, weisen auf Sie hin, Major. Sie sind das Bindeglied.

HANS Sie haben recht. Wenn es eine Verschwörung gibt, wird sie sicherlich die Ermordung des Führers beinhalten. Ohne ihn ist das derzeitige Regime praktisch hilflos.

RAEDER Mehr haben Sie nicht dazu zu sagen?

HANS Ich muss regelmäßig mit allen Abteilungen des Militärs Verbindung halten. Dies ist meine Pflicht, der ich weiterhin nachkommen werde. Außerdem:

Der kleine Hans wird immer nur so viel über meine Arbeit wissen, wie ich für richtig halte. Und keinen Deut mehr. Er ist nicht Mitglied meiner Einheit. Er ist nicht einmal bei der Wehrmacht. Er ist lediglich ein Verbindungsoffizier auf niedriger Ebene von zweifelhaftem Wert.

RAEDER Das ist alles, was Sie zu sagen haben? Zu diesen Anschuldigungen?

HANS Ihr Vorgehen heute Abend, Sturmbannführer – und Sie haben das Recht, dies sofort zu erfahren –, macht mich äußerst misstrauisch. Es ist mir tatsächlich unmöglich, es nicht zu sein.

RAEDER Was wollen Sie damit sagen?

HANS Ab sofort sind Sie ordnungsgemäß informiert: Sollte dem Führer etwas zustoßen, wird umgehend von der Abteilung für Spionageabwehr des deutschen Militärgeheimdienstes gegen Sie ermittelt.

RAEDER Wie können Sie es wagen?!

Hans jr. bewegt sich langsam und subtil auf Hans zu.

HANS Sie sehen viel zu sehr nach einem Mann aus, der seine eigenen Spuren verwischt, als dass wir dies ignorieren könnten.

RAEDER Wie können Sie es wagen, meine Loyalität in Zweifel zu ziehen! Wie können Sie es wagen!

Dietrich stürzt herein und beginnt zu sprechen, bevor er die Besucher erblickt.

DIETRICH Gibt es schon Neuigkeiten?! *Erblickt die SS-Offiziere und bleibt abrupt stehen.*

RAEDER Neuigkeiten? Worüber?

HANS Weihnachten ist Dietrich sehr wichtig. Er ist Theologe.

RAEDER Wovon reden Sie? *Das Telefon klingelt.* Was ist hier los? Worauf warten Sie? *Das Telefon klingelt erneut.* Der Führer!

CHRISTINE Wir warten auf Neuigkeiten von unserem Vater. Die Klinik ... seine Entscheidung, in Rente zu gehen.

Raeder starrt auf das Telefon. Es klingelt wieder. Hans nimmt den Hörer ab und hört.

HANS Jawohl. *Pause.* Das tut mir ausgesprochen leid. Es ist kaum zu glauben. Die Russen natürlich. Natürlich. Nein, ich kann nicht. Bis dann. *Er legt langsam den Hörer auf, zieht seinen Revolver heraus und richtet ihn auf Raeder und Hans jr.* Verschränken Sie die Hände hinter dem Kopf und knien Sie sich auf den Boden.

RAEDER Was soll das?!

HANS Knie nieder, oder ich zerschieß dir die Beine. Auf der Stelle!

Raeder geht auf die Knie. Hans jr., der sich Hans genähert hatte, schaut hinüber zum Oberst auf seinen Knien. Christine zieht leise die Tür zum Arbeitszimmer zu, dreht den Schlüssel im Schloss und nimmt ihn dann an sich.

HANS Du auch, kleiner Hans. Mitgefangen, mitgehangen, wie es so schön heißt.

H. J. Major, Hans, ich hatte mit keinem Versuch zu tun, mit keinem von …

HANS Auf die Knie!

Hans jr. kniet rasch nieder.

HANS Hände hinter den Kopf! Sie werden keinen Ton von sich geben, es sei denn, Sie werden dazu aufgefordert. Nicken Sie mit dem Kopf, wenn Sie verstanden haben.

Beide Männer nicken.

HANS Nimm ihnen die Waffen ab, Dietrich.

Dietrich nimmt ihnen ihre Dienstrevolver ab.

HANS Ich habe Grund zu der Annahme, dass einer oder beide von Ihnen dies bereits wissen, aber es hat gerade ein Attentat auf den Führer gegeben. Durch eine oder mehrere unbekannte Parteien. Es wurde festgestellt, dass sein Flugzeug aus Polen ausländische Sprengstoffe enthielt, die glücklicherweise auf dem Flug nach Berlin nicht, ich wiederhole, *nicht* explodierten. Der Führer ist zum Glück in Sicherheit. Sie werden nun zum militärischen Geheimdienst gebracht, wo Sie einen gründlichen und vollständigen Bericht über alle Ihre Aufenthaltsorte in den letzten drei Monaten abgeben. Sollten Sie versuchen, sich zu widersetzen, werden Sie auf der Stelle hingerichtet. Nicken Sie mit dem Kopf, wenn Sie verstanden haben.

Beide Männer nicken.

HANS Christine, lass bitte den Chauffeur deines Vaters mein Auto vorfahren. Je früher wir beginnen, desto besser. Wir haben eine lange Nacht der Verhöre vor uns.

AKT I, SZENE VII

Schule/Gefängniszelle. Selber Tag wie bisher. Ein paar Minuten später. Wärter tritt ein.

DIETRICH Was haben sie gewollt?

WÄRTER Nichts Wichtiges. Es wurde etwas angeliefert.

DIETRICH Was waren das für Lieferungen?

WÄRTER Holz wurde geliefert.

DIETRICH Holz?

WÄRTER Jawohl. Ein Beamter sagte ihnen, sie sollten es an der Wand draußen abladen.

DIETRICH Und was soll das bedeuten?

WÄRTER Die Bauarbeiten gehen weiter. Wir haben viele Holztransporter, die zum Lager kommen.

DIETRICH Was wird gebaut im Angesicht der bevorstehenden Ankunft der Amerikaner? Sie sind nur einen Tagesmarsch entfernt von hier.

WÄRTER Der Holzlieferant will seinen Lohn. Was kümmern ihn die Sorgen des Zimmermanns?

DIETRICH Gibt es noch mehr Neuigkeiten von den Amerikanern?

WÄRTER Sehr wenig.

DIETRICH Ich war in Amerika.

WÄRTER Mein Onkel lebt in Amerika. Minnesota.

DIETRICH Ich habe in New York gelebt. Als Emil sein wahres Gesicht zeigte, baten sie mich, zu bleiben. Das Seminar. Ich habe abgelehnt. Sie baten mich, meine Meinung zu ändern. Nicht nach Deutschland zurückzukehren. Aber ich könnte dort nie leben. Eine lächerliche Aussage, nicht wahr?

WÄRTER Es ist nicht Ihr Zuhause.

DIETRICH Einmal fuhr ich von Chicago nach Mexiko. So viel Land. Könnte die Welt ernähren. Kilometer um Kilometer reiches Land. Riesig. Menschen voller Energie und Vitalität. Nichts Erhabenes. Einfach nur Energie. Sonst nichts.

WÄRTER Es war eben nicht Ihr Zuhause.

DIETRICH Nein. *Sieht sich in der Zelle um.* Diese Zelle ist mein Zuhause, mein Schicksal. Und nun warte ich darauf, dass mich Fremde vor diesem Schicksal bewahren. Amerikaner. Bauernjungen und Mechaniker, die in ihren neuen Panzern durch Europa rasen. Sie töten und brennen alles nieder, was ihnen in den Weg kommt. Zerstören jedes Dorf, das Widerstand leistet. Viele setzten sich natürlich zur Wehr. *Sarkastisch.* Während ich hier sitze und mir ihren Waffenlärm herbeiwünsche und bete, dass das Töten und Niederbrennen schneller passiert. Stört dich das? Dass ich darum bete, dass Fremde meine Landsleute töten? Vielleicht sogar meine eigenen Schüler?

WÄRTER Sie sind schließlich ein Gefangener. Hoffen auf das Leben.

DIETRICH Lügst du mich an?
WÄRTER Nicht heute.
DIETRICH Das Holz ist für einen Galgen, nicht wahr?
WÄRTER Ich höre etwas.

Wärter tritt ab. Dietrich sitzt am Schreibtisch. Beginnt, durch die Papiere zu blättern. Stoppt. Sitzt ruhig, in Gedanken verloren. Wärter tritt plötzlich ein.

WÄRTER Sie sind hier. Es ist Zeit.

AKT II, SZENE I

Schule/Gefängniszelle wieder. Es ist nun dunkel. Am späten Abend desselben Tages, 8. April 1945.

DIETRICH Es hat nicht lange gedauert, nicht wahr? Indizien. Urteil. Strafmaß. Keine Verteidigung. Weder angefragt noch offeriert.

Wärter sagt nichts.

DIETRICH Stattdessen die Frage: Können die Philosophen von Hindustan Wirbelstürme verursachen?
WÄRTER *hält etwas zu essen vor* Es gibt nicht viel, aber es ist heiß.
DIETRICH Das fragte er mich! Euer Richter! Der SS-Richter. Sein Traum, sagte er, sei es, einmal bei den östlichen Mystikern zu studieren. Das Christentum hätte ihn enttäuscht. Hätte ihm tiefere spirituelle Wahrheiten vorenthalten. Nun würde er im Osten nach Erleuchtung suchen. Dort gäbe es heilige Männer, die im Einklang mit dem Geheimnis des Daseins leben. Von denen würde er gerne lernen. Hans, mein

lieber Hans. Hast du das gehört? »Erlauben Sie mir, Euer Ehren, Mahatma Gandhi zu empfehlen?«

WÄRTER Sie sollten essen.

DIETRICH Er hat uns zum Tode verurteilt. Alle sieben – Canaris, Oster, Sack, Strünck, Gehre, Hans und mich. Er tue nur seine Pflicht, meinte er. Die Hände seien ihm gebunden.

WÄRTER *lächelt* Es tut Ihnen gut, sich auszusprechen. Wenn Sie sprechen, essen Sie auch. Auf nüchternen Magen kann man nicht tapfer sein.

DIETRICH Sind sie gegangen?

WÄRTER Ja. Sie haben Angst vor den Amerikanern. Nur einer von ihnen ist geblieben.

DIETRICH Sie vertrauen ihnen wohl nicht, dass sie uns richtig hängen.

WÄRTER Sie vertrauen niemandem. Das Ende ist nahe.

DIETRICH Siehst du, was für eine große Gefahr wir immer noch für das Reich darstellen? Zu gefährlich, um uns noch eine Minute leben zu lassen. *Lacht.* Emil versteckt sich in seinem teuren Bunker. Der russische Bär knurrt vor seiner Tür. Es ist vorbei. Es ist seit Monaten vorbei. Und immer noch suchen die kleinen Bleistiftspitzer nach Beweisen. Graben sich wie Ratten durch Berge von Papier, ein Verhör nach dem anderen. Das Land in Trümmern, überall fremde Armeen, Bomben regnen vom Himmel, und sie suchen nach Beweisen. Beweise für Untreue. Beweise für Verrat. Und sie haben sie gefunden! Mehr, als sie je für möglich gehalten hätten. Endlich Beweise.

Die Zossen-Verschwörer müssen sterben. Alle von ihnen. Bevor es zu spät ist. Gerade noch rechtzeitig.

WÄRTER Sie hatten Befehle. Vom Führer. Persönlich.

DIETRICH Unsinn. Sie konnten es kaum erwarten, hierherzukommen. Den Krieg hinter sich zu lassen. Noch eine letzte rettende Pflichterfüllung. *Lacht.* Was denkst du, werden sie jetzt tun? Ihre Uniformen verbrennen und sich den Amerikanern ergeben? In den Bunker kriechen und sich an ihren Führer klammern?

WÄRTER Sie haben sich umgezogen, bevor sie das Lager verließen. *Beide Männer lachen.* Alle haben gelacht bei diesem Anblick. Sogar die Gefangenen. Es wird keine Gestapo, keine SS mehr geben, wenn die Amerikaner kommen.

DIETRICH Sind sie schon in der Nähe?

WÄRTER Sehr nahe. Ein Kind hat auf einen Konvoi geschossen. Sie hielten an, um das ganze Dorf niederzubrennen. Es gab Schießereien.

DIETRICH Werden sie rechtzeitig da sein?

WÄRTER Möglich. Heute Nacht wird es weitere Kämpfe geben. Die Wachen wurden verdoppelt. Ich kann nicht nach Hause gehen. Alle müssen die Nacht über hierbleiben.

DIETRICH Und dann gehen wir alle nach Hause. Glaubt Dohnanyi, dass die Amerikaner rechtzeitig kommen werden?

WÄRTER Er sagt mir grundsätzlich nicht, was er denkt. Er ist Soldat. *Pause.* Er sagte nichts dazu.

DIETRICH Das überrascht mich nicht. *Pause.* Keiner von uns kannte Hans wirklich. Wusste, wozu er fähig war. Nicht einmal Christine. Alkibiades konnte nicht weniger rätselhaft gewesen sein als Hans von Dohnanyi. Aber Alkibiades war kein Hans, ich bin kein Platon, und wir hatten keinen Sokrates.

AKT II, SZENE II

Am Ort des militärischen Geheimdienstes in München. Seit dem gescheiterten Attentatsversuch sind einige Wochen vergangen. Hans trägt Uniform. Dietrich nicht. Dietrich erstattet Bericht.

HANS Sie sind erbärmlich.

DIETRICH Sie sind misstrauisch. Sie werden von Tag zu Tag misstrauischer.

HANS Man nennt das Verrat und Selbsttäuschung.

DIETRICH Sogar Churchill hat sich gegen uns gewandt.

HANS Der Mann, der uns alles versprochen hat?

DIETRICH Wenn wir ihm Emils Kopf brächten.

HANS Er hat kein Interesse. Er hasst die Deutschen. Sie alle hassen uns.

DIETRICH Bischof Bell …

HANS Dein Bischof Bell mag nach allem, was ich weiß, ein Heiliger sein. Aber ich weiß auch, dass er Engländer ist. Und dass die Engländer uns niemals vertrauen werden.

DIETRICH Weil sie die Deutschen hassen?

HANS Weil sie Rassisten sind. Weißt du, wie man unseren geistlosen Militarismus in England erklärt? Der Standard-Theorie nach läge es an unserem orientalischen Einfluss. Wir sind zu weit im Osten. Wurden vom Slawen verseucht. Alles, was uns fehlt, sind ein oder zwei Wischbewegungen mit der Teerbürste. Scheint, als führte Emil gegen die falschen Leute Krieg. Er könnte die Engländer für seinen Rassenhass eigentlich gut gebrauchen.

DIETRICH Sie werden uns nicht helfen.

HANS Sie müssen! Kapieren sie nicht? Wir brauchen sie.

DIETRICH Ihre Oxford-Spione halten uns für ein Täuschungsmanöver. Einen Trick. Mit unseren subversiven Plänen halten wir sie nur auf. Wir verzögern den Einsatz von Initiativen. Je länger wir brauchen, desto mehr setzen wir auch ihren Geheimdienst der Gefahr aus. Je länger es geht, desto mehr Informationen werden wir über ihre Ressourcen und Fähigkeiten sammeln.

HANS Welche Fähigkeiten?

DIETRICH Sie glauben uns nicht, dass mit ihrem Sprengstoff etwas nicht in Ordnung war.

HANS »... etwas nicht in Ordnung«? Diese Bomben wären nicht einmal hochgegangen, wenn wir das ganze gottverdammte Flugzeug abgeschossen hätten! *Pause. Öffnet die Schreibtischschublade und wirft den gebrauchten Zünder auf den Schreibtisch.* Der Zünder war ein Blindgänger. »Made in Britain«, wir hätten es wissen müssen ... Und wohin hat uns das nun gebracht? Das gesamte Münchener Büro ist über ganz Deutschland verteilt. Die Hälfte der Wehrmachtsoffiziere hat jetzt Angst, uns auch nur anzusehen, geschweige denn, mit uns zu reden. Und als Krönung des Ganzen trete ich ins Rampenlicht und verhafte zwei Dummköpfe der SS wegen des Attentats auf Emil.

DIETRICH Was werden sie mit dir machen?

HANS Canaris wurde befohlen, mich für mein übereifriges, wenn nicht gar irrationales Verhalten in einer Notfallsituation zu tadeln. Vielleicht werde ich auch im Rang herabgestuft. Aber das bezweifle ich.

DIETRICH Sonst nichts?

HANS Emil hat mich gerettet. Er liebt jedes Anzeichen von Machtkämpfen in der Truppe. Gibt ihm ein sicheres Gefühl.

DIETRICH Was tun wir jetzt?

HANS Dietrich, du musst ihnen ein klareres Bild von dem vermitteln, was wir durchmachen. Hier ist es nicht damit getan, ein bisschen um sich zu schießen und den Radiosender zu übernehmen. Wir versuchen, einen gut organisierten totalitären Staat zu übernehmen – das ganze gottverdammte Land. Und jetzt sitzt hier bei mir ein SS-Offizier im Büro. Vierundzwanzig Stunden am Tag. Wir können die Balance nicht mehr lange halten.

DIETRICH Bischof Bell versteht, aber London will nichts davon wissen. *Pause.* Es wird keine offizielle Anerkennung Londons für uns geben.

HANS Sie müssen! Wir können nicht gleichzeitig einen Staatsstreich machen und einen Krieg führen!

DIETRICH Du musst mir irgendetwas Vorzeigbares geben, Hans. Der italienische Versuch ist Monate her.

Sie brauchen Beweise. Sie brauchen etwas Handfestes, dass wir es weiter versuchen.

HANS Sie wissen, was mit uns passiert. Es ist ihnen einfach herzlich egal.

DIETRICH Was ist denn bei dem italienischen Versuch schiefgelaufen?

HANS Emil hat seine Meinung im allerletzten Moment geändert.

DIETRICH Was?

HANS Er gab persönlich – während der Fahrt – den Befehl, die Route seiner Wagenkolonne zu ändern. Sie bogen einen Block vor dem Hinterhalt ab. Einen einzigen Häuserblock.

DIETRICH London wird das nicht glauben.

HANS Selbst der liebe Gott täte sich schwer, das zu glauben! Die Vorbereitungen haben Monate gedauert. Siebzehn Mann. Überführung nach Berlin. Vorab arrangierte Transfermöglichkeiten für die Beteiligten raus aus Berlin für den Fall, dass etwas schieflaufen würde. Drei von ihnen wurden acht Tage zu früh aus der Stadt verlegt. Ich hatte fünfundvierzig Minuten, um ihnen Noturlaub zu besorgen, sonst hätten sie sich der Entfernung vom Dienst schuldig gemacht. Jetzt sind sie über ganz Deutschland verteilt. *Schüttelt den Kopf.* Einen Block vor dem Hinterhalt sind sie abgebogen. Einen einzigen Häuserblock!

DIETRICH Ich werde tun, was ich kann.

HANS *zu sich selbst* Wie könnten wir es nun noch schaffen? Keine Kaderleute mehr einsetzen. Brauchen zu lange. Etwas Einfaches. Schnelles. Ein Scharfschütze.

Einer, höchstens zwei. Einfach eine Umleitung legen und abdrücken.

DIETRICH Da gibt es noch etwas, Hans. Wir haben sieben Juden im Kloster versteckt. Eine Familie.

HANS Ein Fanatiker, der Emil aus tiefstem Herzen hasst. Am besten ein Tscheche. Eröffnet das Feuer, Granaten, Chaos. Emil geht in der Schusslinie des Scharfschützen in Deckung. Der Tscheche zieht die ganze Aufmerksamkeit auf sich …

DIETRICH Hans.

HANS Was?

DIETRICH Wir brauchen deine Hilfe. Wir wollen sie in die Schweiz bringen.

HANS Wen?

DIETRICH Eine jüdische Familie, die wir im Kloster versteckt halten. Ich möchte, dass wir ihnen helfen, über die Grenze zu kommen.

HANS *genervt* Wovon redest du?

DIETRICH *genervt* Ich rede davon, das Leben von sieben Menschen zu retten. Das ist, wovon ich rede. Kein verdammter Hinterhalt in den Wolken.

HANS Ich soll sieben Juden in die Schweiz schmuggeln?

DIETRICH Ja, genau. Das ist es, was ich will, dass du tust.

HANS Sie werden Kleidung brauchen, Proviant und einen Transport zur Grenze. Pässe brauchen sie – erstklassige Pässe, neue Namen, neue Fotos, Arbeitspapiere, Transitpapiere, Ausreisevisa. Bewilligungspapiere und einen Sponsor aus der Schweiz.

DIETRICH Karl Barth wird die Dinge auf Schweizer Seite regeln.

HANS Die Antwort ist nein.

DIETRICH Das Kloster kann sie nicht behalten.

HANS Da kann ich nichts machen.

DIETRICH Weißt du, was du da sagst?!

HANS Dietrich, das Spiel ist fast aus. Von nun an wird die Gestapo Tag und Nacht bei uns sein, unseren Gesprächen zuhören, unsere Post lesen. Sie werden mit unseren Freunden reden und versuchen, sie zu infiltrieren. Wir haben nur noch eine, vielleicht zwei weitere Chancen. Das Risiko können wir nicht eingehen.

DIETRICH Du könntest es aber tun.

HANS Ich könnte sie wie Mitglieder der königlichen Familie aussehen lassen, wenn ich wollte. Aber ich würde eine Papierspur direkt zu diesem Büro hinterlassen. Die Gestapo muss nur in die Fälschungsabteilung gehen, und alle zeigen hier nach oben.

DIETRICH Sie werden sterben.

HANS Ja, werden sie. Und Tausende mehr. Zigtausende. Vielleicht Millionen. Und wir haben die Chance, dem Einhalt zu gebieten. Für sieben Leute setze ich das nicht aufs Spiel.

DIETRICH Du gibst mir einen Schuldschein für das Leben von sieben Menschen?

HANS Sie sind so gut wie tot! Das ist entschieden. Wir können nichts tun. Es steht zu viel auf dem Spiel, Dietrich. Wenn es sein müsste, würde ich sie ihnen selbst ans Messer liefern. Es tut mir leid. Schlag sie dir aus dem Kopf.

Hans jr. kommt in Uniform herein.

H. J. Heil Hitler!

HANS Auf diese Formalitäten können wir verzichten, Untersturmführer. Sie sind jetzt ein Mitglied des Teams.

H. J. Das erscheint mir nicht ratsam, Major.

HANS Tragen Sie in Ihren Bericht ein: »keine Formalitäten«. Da ist Ihr Schreibtisch. Die Akten sind im Untergeschoss. Beschäftigen Sie sich irgendwie und gehen Sie uns hier aus dem Weg.

H. J. Ehrlich gesagt, Major, hatte ich diesmal mehr Kooperationsbereitschaft erwartet.

HANS Das ist Ihr Schreibtisch. Die Akten sind unten. Wenn Sie mir jetzt aus dem Weg gehen wollen? Wir befinden uns im Krieg. All das möchte ich Wort für Wort in Ihrem Bericht lesen.

H. J. Pastor, wie hat Ihnen Schweden gefallen?

DIETRICH Besonders gut.

H. J. Ihr Bericht, bitte.

HANS Sein Bericht ist erst morgen früh fällig. Sie erhalten dann eine Kopie.

H. J. Dann freue ich mich auf die Lektüre. Ich kann mir allerdings kaum vorstellen, wie Kirchenkonferenzen dem militärischen Geheimdienst nützen sollen.

DIETRICH Wir sind überhaupt kaum jemandem von Nutzen.

Dietrich tritt ab.

H. J. Hans, Major, ich möchte Sie persönlich sprechen. *Hans bedeutet ihm, fortzufahren.* Mir ist klar, wie unangenehm es für Sie sein muss, dass ich hier bin. Aber die Sache, die ich auf dem Herzen habe, kann nicht warten. Darf ich frei heraus sprechen?

HANS Sagen Sie, was Ihnen durch den Kopf geht.

H. J. Die Sache, um die es sich handelt, ist wichtig. Sehr wichtig. Sie muss vertraulich behandelt werden. Ist das ein sicherer Raum?

HANS Dieses Zimmer wird dreimal täglich von drei verschiedenen Personen überprüft, die jeden dritten Tag gewechselt werden.

H. J. Ich brauche Ihr Ehrenwort als Offizier und Gentleman, dass nichts, was ich sage, von irgendjemandem aufgezeichnet oder mitgehört wird – es geht um Dietrich.

HANS Erzähl mir von Dietrich.

H. J. Erst muss ich sicher sein. Es steht zu viel auf dem Spiel.

HANS *mit lauter Stimme zur Wand* Eva Braun ist eine sexuell frustrierte Frau.

H. J. *lacht* In ganz Deutschland gibt es keinen Zweiten wie Sie, Hans. Wenn ich noch einmal Hans sagen darf. Ich muss einfach mit Ihnen reden und Ihre Meinung hören. Es geht nicht um Dietrich. Das habe ich nur gesagt, weil ich nicht wusste, wie ich anfangen soll … Es geht um … Es fällt mir schwer, das auszusprechen. Haben Sie jemals an Deutschland *nach* dem Führer gedacht? Was, wenn der Führer einmal nicht mehr ist?

HANS Hin und wieder.

H. J. Einige von uns haben das auch. Meine Freunde und ich. Ich weiß, was Sie von uns halten. Dass wir keine echten Soldaten sind, vielleicht inkompetent, unnötig brutal.

HANS Die Liste ist längst nicht vollständig.

H. J. Das sehe ich auch so.

HANS Ich höre.

H. J. Der Führer ist ein großartiger Mann, ohne Frage. Er hat ein Imperium geschaffen. Größer als Rom, größer als Alexander. Aber was passiert, wenn er stirbt? Was ist, wenn er ermordet wird? Wer übernimmt dann die Verantwortung? Wer wird die Autorität haben, das Land zu führen?

HANS Es gibt viele Möglichkeiten.

H. J. Nein. Wir würden durch interne Kämpfe zerstört. Selbst wenn Göring Himmler besiegen würde, oder Himmler Göring, es würde zu lange dauern. Die Wehrmacht würde rebellieren. Keiner von ihnen könnte die nationalsozialistische Bewegung zusammenhalten. Sie sind keine Anführer. Sie sind nicht einmal Arier. Opportunisten ohne jede Vision, ohne Größe. Alles wäre zu Ende, bevor es überhaupt richtig angefangen hat. *Pause.* ... Wir sind so nahe dran. Leute wie Sie können das erkennen. Unsere Dichter, Philosophen, selbst der große Heidegger, alle reden von der inneren Wahrheit und Größe des Nationalsozialismus. Wir stehen am Rande einer historischen Bewegung enormen Ausmaßes. Wir werden eine neue Welt erschaffen.

HANS Eine arische Welt.

H. J. Wir haben bereits eine arische Welt. Die Natur hat gesprochen. Laut und deutlich. Die Welt ist weiß.

Wir sind die Welt. Nimm den weißen Mann weg, und das zwanzigste Jahrhundert verschwindet. Schau dir Afrika an. Von Südamerika oder Asien ganz zu schweigen.

HANS Es gibt einige offensichtliche Ausnahmen.

H. J. Die Japaner? Amerika wird sie wie Ameisen zerquetschen. Die Natur hat gesprochen. Es ist Zeit, sich einzugestehen, was ohnehin offensichtlich ist. Bevor alles vermischt wird, bevor alles verschwendet wird. Bevor wir in irgendeinem Schmelztiegel versinken ohne Kultur, ohne Kunst, ohne Romantik, ohne Leidenschaft, ohne Geschichte. Es ist Zeit, vorauszumarschieren. Es ist Zeit für Größe. Narren wie Göring und Himmler werden alles ruinieren.

HANS Worauf willst du hinaus?

H. J. Die Zukunft. Wir müssen bereit sein. Meine Freunde und ich. Wir sind die kommende Generation. Wir müssen in der Lage sein, die Macht zu übernehmen. Wir sind bereit, den nächsten Schritt zu gehen. Ich weiß, dass es Exzesse gegeben hat. Ich glaube, ich weiß, was Sie wegen den Juden von uns denken. Es ist vulgär. Völlig unnötig. Eine Verschwendung.

HANS Es tut Ihnen leid wegen der Juden, tatsächlich?

H. J. Es geht nicht um die Juden als solche. Sie hatten genug Zeit, eine Nation zu werden. Sie haben es nicht zustande gebracht. Sie können sich ja kaum richtig in Reihe stellen. Sie sind irrelevant. Die Zukunft ist wichtig. Wenn der Führer sterben sollte, bevor wir bereit sind, wäre alles verloren.

HANS Warum erzählst du mir das?

H. J. Wir wollen, dass du dich uns anschließt. Wir wollen dich zum Chef des Militärgeheimdienstes machen. Du wirst unsere volle Unterstützung haben. Meine Freunde sind nicht alle jung. Wir empfangen unsere Befehle … von …

HANS General Heydrich. Der blonde Gott …

H. J. Der nächste Führer.

HANS Du spielst mit dem Feuer. Er ist nicht wie der Rest. Er ist kein Dummkopf.

H. J. Er sagt dasselbe über dich.

HANS Heydrich hat dich hergeschickt?

H. J. Er hat dich auserwählt.

HANS Unmöglich.

H. J. Du passt perfekt. Jeder kennt dich. Der Generalstab lacht immer noch über das, was du mit Raeder veranstaltet hast. Sogar General Heydrich wollte wissen, wie Raeder auf Knien aussah. Er fand es urkomisch.

HANS Warum ich?

H. J. Weil die Wehrmacht dich akzeptieren wird.

HANS Die Wehrmacht akzeptiert Generäle, keinen Major.

H. J. *nimmt Papiere heraus* Reine Formsache. Hier sind deine Beförderungspapiere zum Oberstleutnant. Unterzeichnet. *Gibt sie Hans.* Wie du siehst, Admiral Canaris hat sie auch unterschrieben. Die Aktion soll in sechs Wochen in Kraft treten. Und hier deine Beförderungspapiere zum Oberst. Unterzeichnet. Wirksam in drei Monaten. Admiral Canaris weiß nichts davon, da du ihn ersetzen wirst. Weitere sechs Monate dann als amtierender Leiter der Abwehr, dann volle Ernennung. Generalmajor.

HANS Und was muss ich für all das tun?

H. J. Nichts.

HANS Gar nichts?

H. J. Ein Treffen mit dem Führer. Sobald er dich gesehen hat, bist du General. Wir können das alles möglich machen. Bist du dabei?

HANS Das kommt mir alles zu glatt vor.

H. J. Es ist kein Trick.

HANS Wir reden schließlich vom blonden Gott.

H. J. Was willst du?

HANS Ich habe dir vom Sexleben der Eva Braun erzählt. Nun gib du mir etwas als Gegenleistung.

H. J. Was soll ich noch mehr sagen? Ich habe alles riskiert mit diesen Offenlegungen. Du könntest mich sofort anzeigen.

HANS Alles, was du bisher getan hast, steht im Einklang mit dem Plan der SS, diese Abteilung hier zu zerstören.

H. J. Das mag stimmen, aber …

HANS Ich brauche etwas Wasserdichtes, Überprüfbares.

H. J. Der blonde Gott, General Heydrich, ist zum Teil jüdisch. Sein Vater hatte jüdisches Blut.

HANS Das interessiert keinen.

H. J. Die erste Geliebte des Führers war auch seine Nichte. Das Kind seiner Schwester.

HANS Gib mir etwas, was ich noch nicht weiß.

H. J. Er teilte sie mit seinem Chauffeur. Emil Maurice.

HANS Sie war mit halb Deutschland auf der Matratze. Gib mir etwas Neues.

H. J. Sturmbannführer Raeder ist homosexuell.

HANS Gerüchte.

H. J. Es gibt Bilder.

HANS Gerüchte.

H. J. Wir haben Fotos. *Gibt Hans einen Umschlag, der ihn öffnet und den Inhalt betrachtet.* Raeder ist gefährlich. Ich trage es immer bei mir. Wenn es sein muss, behalte es.

HANS Ihr meint es wirklich ernst.

H. J. Wenn wir die Kontrolle übernehmen, werden die Raeders dieser Welt vom Erdboden verschwinden. Dreckiger Abschaum. Bist du dabei?

HANS Ich weiß nicht.

H. J. Wir brauchen dich. Wir sind bereit. Diese Papiere sind echt.

HANS Ich hatte ja keine Ahnung. Dass so etwas jemals geschehen könnte ... dass ihr tatsächlich bereit wärt ... Aber nicht jetzt. Der Zeitpunkt ist völlig falsch gewählt. Es kann nicht funktionieren.

H. J. Niemand hier wird es je erfahren. Das garantieren wir. Dieses Gespräch hat nie stattgefunden. Der Führer persönlich befiehlt dir. Darum geht es. Und daran gibt es nichts auszusetzen. Schau, eine Gruppe von SS-Offizieren ist der Ansicht, es ist Zeit für eine Veränderung. Zeit für echte Größe. Wir sind nicht alle Tiere. Wir wollen den vulgären Schlamm von uns abschütteln. Wir wollen die Besten. Du bist der Beste. Da sind alle der gleichen Meinung. Denk nur, was du mit echter Macht ausgestattet alles bewerkstelligen könntest. Du wirst das Sagen haben. Alles, was wir brauchen, ist deine Zustimmung, um die erste Beförderung durchzuführen. Und wer wollte der widersprechen? Sogar Canaris hat unterschrieben. Oberstleutnant. Du bist überfällig. Haben wir deine Zustimmung?

HANS Kleiner Hans. Hans. Ich habe nie ... Ich habe nie darum gebeten.

H. J. Denk an die Zukunft. Denk an Deutschland. Du könntest unser Schicksal mitgestalten. Du wirst General. Und das ist nur der Anfang. Alles ist möglich. Niemand hatte jemals eine solche Gelegenheit. Einzigartig.

HANS Warum tust du das?

H. J. Ich werde dann wieder ganz nahe bei dir sein. Wie damals, als ich ein kleiner Junge war. Dein Schatten. Ich werde dich nie im Stich lassen. *Tritt einen Schritt näher.* Hans, ich bin nicht wie du. Ich kenne Angst. Kann vieles nicht. Doch du kannst. Du weißt, dass du es kannst. Du wurdest zum Führen geboren. Nicht für die zweite Reihe. Deine Zeit ist gekommen. Jetzt. Greif zu.

AKT II, SZENE III

Arbeitszimmer der Bonhoeffers in Berlin. Es ist wieder Weihnachten (1944). Ein paar Wochen sind vergangen, seit Hans von Hans jr. das Angebot bekommen hat, sich ihnen anzuschließen. Christine bringt festliche Dekorationen an. Es ist früher Nachmittag. Hans kommt mit Gepäck herein.

CHRISTINE Hans! Du bist gekommen! Wunderbar! Ich wusste, dass du kommen würdest. *Sie küsst und umarmt ihn.* Warum hast du nicht angerufen?

HANS Es ging sehr plötzlich. Ich habe auch nicht viel Zeit. Dietrich ist ebenfalls hier.

CHRISTINE Hier? In Berlin?

HANS Er ist noch in der Zentrale und lässt seine Papiere »nachjustieren«, um sie den aktuellen Gegebenheiten anzupassen.

CHRISTINE Hans, es ist zu gefährlich. Dietrich darf sich nicht in Berlin aufhalten.

HANS Nur über Weihnachten. Er hat die Erlaubnis der Gestapo, hier zu sein.

CHRISTINE Wie ist das möglich?

HANS Wir kommen gerade etwas besser mit ihnen aus. Hans jr. hat sich darum gekümmert. Er tut mir schon mal einen kleinen Gefallen, wenn ich nicht jeden zweiten Tag drohe, ihn zu erschießen.

CHRISTINE Du bittest ihn jetzt um Gefälligkeiten?

HANS Nur Kleinigkeiten. Autos, Mädchen, Kunstwerke, das Übliche.

CHRISTINE Kann man über solche Dinge Witze machen?

HANS Es mag seltsam klingen, wenn ich das sage: Aber Hans jr. ist nicht ganz das, was er zu sein scheint. Er hat sich tatsächlich als sehr nützlich erwiesen.

CHRISTINE Das denkst du doch nicht wirklich? Das würde dir gar nicht ähnlichsehen.

HANS *ernst* Verstanden. Du hast deinen Standpunkt klar gemacht. Wenn Dietrich kommt, sag ihm, dass seine Erlaubnis, hier zu sein, zurückgezogen wurde.

CHRISTINE Nein, bitte, es tut mir leid. Aber Hans, es ist gefährlich. Du hast dich doch niemals mit diesen Leuten eingelassen, für keinen Vorteil dieser Welt. Sie sind böse.

HANS Was getan ist, ist getan. *Sieht auf die Uhr.* Ich habe nicht viel Zeit. Es gibt heute noch eine wichtige Besprechung, aber bevor ich gehe, muss ich wissen …

CHRISTINE Keine Sorge. Ich habe sämtliche Akten nach Zossen überstellt. Kombination und Code sind noch immer die gleichen.

HANS Nein, etwas anderes. Ich muss etwas über dich wissen.

CHRISTINE *alarmiert* Über mich?

HANS Ich muss wissen, wie du dich fühlen würdest, wenn ich etwas sehr Merkwürdiges tun würde. Etwas, von dem du dir nie vorstellen konntest, dass ich es tun würde. Etwas, das überhaupt keinen Sinn zu ergeben scheint.

CHRISTINE Worauf willst du hinaus?

HANS Du weißt, dass ich dich nicht beschützen kann. Vor ihnen. Jahrelang hast du damit gelebt. Immer darauf gewartet, dass ich diesen Zustand beende. Und ich habe es nicht getan. Aber du wusstest auch, dass ich jeden von diesen Kreaturen ohne Umschweife töten würde, wenn er es wagen würde, dich vor meinen Augen auch nur anzufassen.

CHRISTINE Das weiß ich.

HANS Was würdest du aber tun, wenn derselbe Mann – dein Mann – etwas Schreckliches tun würde? Etwas, das allem widerspricht, was er zu glauben und zu fühlen schien? Was würdest du dann tun?

CHRISTINE Hans, um Gottes willen, was willst du mir damit sagen?

HANS Was würdest du tun, wenn dein Hans sich plötzlich so sehr verändert hätte? Was würdest du tun? Ich muss es wissen.

CHRISTINE Hans …

HANS Was würdest du tun?!

CHRISTINE Ich würde annehmen, dass mein Hans seine guten Gründe hat. Würde dennoch zu ihm halten.

HANS Egal, was er tut?

CHRISTINE Ich werde immer zu ihm halten.

HANS Sogar dann?

CHRISTINE Auch dann.

HANS *verstört* Mir wäre es fast lieber, du würdest jemanden erschießen.

CHRISTINE Was hast du vor, Hans? Warum bist du in Berlin?

HANS Ich habe ein persönliches Interview mit unserem geliebten Führer.

CHRISTINE Wann? Heute?

HANS Er möchte mit mir darüber sprechen, Chef der Abwehr zu werden. Über meine Beförderung. Über eine vierstöckige Villa und ein Haus in den Bergen. Darüber, wie ich der jüngste General der deutschen Armee werden könnte.

Dietrich kommt eilig herein.

DIETRICH Ist Hans hier? Hans, ist das wahr?

CHRISTINE Was soll wahr sein?

DIETRICH Admiral Canaris. Er war der Meinung, ich wüsste es bereits.

CHRISTINE Wusste was? Hans?

DIETRICH *zu Hans* Canaris sagt, es sei nicht nötig.

HANS Da hat er leider unrecht.

DIETRICH Du darfst es nicht tun!

CHRISTINE Dietrich, was soll das alles?!

DIETRICH Er wird sich irgendwann selbst umbringen.

CHRISTINE *zu Hans* Was sagt er da?

HANS Du hast mir eben versichert, du würdest alles mitmachen. Nun ist es so weit.

Hans zieht eine schwere Weste aus seinem Koffer und beginnt sie sich überzuziehen. Christine ist verwirrt und sieht Dietrich an.

DIETRICH Eine Feldweste, mit Sprengstoff gefüllt. Wenn Hans auf Emil trifft, wird er sich selbst in die Luft sprengen und alle im Raum mit sich nehmen.

HANS *arbeitet an Weste* Im Raum? Ich bitte dich. Die oberen drei Stockwerke sollten es schon sein.

CHRISTINE Bist du verrückt?!

HANS So verrückt, wie man nur sein kann, Liebling. Im Gegensatz zu meinen Nazi-Freunden wusste ich immer, dass ich sterben würde. Wusste nur nie, wann. Unterschätze nie das Wissen um den Zeitpunkt.

Christine wendet sich ab.

HANS Christine, bitte. Es ist entschieden. In dreißig Minuten werde ich unseren lieben Emil erst an meine Brust drücken und ihn dann zur Hölle schicken. *Zu Dietrich.* Dietrich, was meinst du, soll ich ihn auf die Wange küssen, oder wäre das zu viel des Guten?

DIETRICH Er muss es nicht tun, Christine. In drei Monaten ist ein weiterer Versuch geplant. Bei einer Mitarbeiterversammlung.

HANS In drei Monaten! Drei Monate! Allein in Auschwitz sterben zwölftausend Menschen täglich, um Himmels willen. In einem einzigen Lager. Ja, Christine. Zwölftausend pro Tag.

Christine schüttelt den Kopf, immer und immer wieder.

HANS Ich könnte euch Fotografien besorgen. Würde das helfen? Namen. Sie alle haben Namen. Und ihre Geschichten – wo sie zur Schule gegangen sind, wen sie geheiratet haben. Ich könnte euch das alles erzählen. Informationen sind schließlich mein Geschäft. Ich bin kein verdammter Bäcker oder Metzger, der auf irgendwelche Gerüchte hört. Ich kenne die Fakten! Ich werde nicht noch drei Monate warten. Niemand kann noch drei Monate warten. *Zieht einen langen Mantel über die Weste.* Wir haben Jahre gehabt. Und jetzt endlich fällt uns die Gelegenheit in den Schoß. Emil gibt normalerweise keine Privat-Audienzen. Mit der Hälfte seiner Generäle redet er nicht einmal. Diese Gelegenheit ist ein Geschenk des Himmels. Und ich werde sie beim Schopfe packen. Wir haben keine Wahl. *Sieht auf die Uhr.* Ich muss los.

Christine dreht sich um, entschlossen, ihn aufzuhalten.

CHRISTINE Was, wenn du scheiterst? Was, wenn du verhaftet wirst? Wenn diese Dinger wieder nicht losgehen oder schon auf der Straße? Wer sollte dann den nächsten Versuch vorbereiten? In nur drei Monaten?

DIETRICH Hans würde den nächsten Versuch ohnehin nicht leiten.

HANS Stimmt. Ich bin raus. Ich habe meine Versuche gehabt. Von denen hat keiner funktioniert. Und der Plan mit den Scharfschützen wurde abgelehnt. Jetzt ist Stauffenberg an der Reihe. Oberst Graf Claus von Stauffenberg. Er ist sehr gut. Vielleicht der Beste, den wir haben.

CHRISTINE *wütend* Ach, darum geht es! Dass es sonst Stauffenberg tun würde – und nicht du! Dass du dir nicht eingestehen musst, gescheitert zu sein? Dass es nicht du bist, der …? Dabei wollen sie nicht einmal, dass du es machst.

HANS Es ist mein Termin. Emil will mich sehen. Es ist die Gelegenheit, das weiß auch Canaris. Er hat mit Dietrich darüber gesprochen. Er betet zu Gott, dass es mir gelingt.

CHRISTINE Warum du? Warum hast du diesen Termin bekommen?

HANS Eine glückliche Fügung.

CHRISTINE Glücklich und ehrenvoll. Ja, Ruhm und Ehre. Es sollte immer auf dich hinauslaufen, nicht wahr? Du würdest derjenige sein, der uns gerettet hat. Das war immer schon deine Bestimmung. Diesen Ruhm dürfen sie dir nicht verweigern. Darum geht es dir doch letztlich.

HANS Nein.

CHRISTINE Ich kenne dich!

HANS Christine.

CHRISTINE Ich kenne dich!

HANS Schon gut! Wenn damit so etwas wie Ruhm verbunden sein sollte, dann wäre er eben der meine. Ich werde mich nicht dagegen wehren. Das will ich gar nicht bestreiten. Niemals habe ich aber davon geträumt, dies zu tun.

CHRISTINE Das kannst du mir nicht antun, Hans, bitte. Ich bin nicht stark genug. Ich kann damit nicht leben. Alles, nur das nicht. Bitte!

HANS *hält sie* Nein, bitte, hör auf. Dietrich ist hier. Er wird für dich da sein. Du wusstest, dass dies eines Tages passieren könnte. Wenn nicht heute, dann morgen. Das hast du immer gewusst. *Küsst sie leicht. Wendet sich an Dietrich. Greift in die Aktentasche und zieht einen großen Umschlag heraus, den er Dietrich überreicht.* Hier sind deine Juden. Alle sieben. Pässe, Visa, Geld. Ich hoffe, sie haben Humor. Wir haben sie zu Schweinezüchtern aus Schlesien gemacht. Du wirst dich darum kümmern?

Dietrich nickt. Hans sieht Christine noch einmal an, während er langsam das Zimmer verlässt.

HANS *im Rausgehen* Du hast mir gesagt: »Alles.« Erinnerst du dich? Alles, was immer es auch sein würde.

Hans tritt ab.

CHRISTINE Ich möchte jemanden umbringen – auf der Stelle.

AKT II, SZENE IV

Schule/Gefängniszelle. Es ist noch dunkel, aber leichtes Morgengrauen zeigt an, dass ein neuer Tag beginnt. Es ist der 9. April 1945. Auf Dietrichs Tisch: ein Schachspiel.

DIETRICH Ich bin einfach dagestanden. Obwohl ich wusste, dass ich Hans nie wieder sehen würde. Sagte nichts, als er ging. Ich wusste einfach nicht, was ich sagen sollte. Christine hingegen. Sie wurde natürlich wieder zu Christine. Genau wie Hans vorausgesehen hatte, dass sie agieren würde. Sammelte ihre Kinder ein, schickte die Dienstboten nach Hause, setzte die Mutter ins Auto, und in wenigen Minuten waren wir unterwegs. Canaris hatte uns befohlen, uns zu verstecken. Nach der Bombe würde Chaos herrschen. *Pause.* Aber es gab keine Bombe. Emil hatte Hans' Termin abgesagt. Sie hatten einen Juden aufgestöbert – in unserem Familienschrank. Eine meiner Schwestern ist mit einem Juden verheiratet. Du verstehst das Problem? Man kann nicht einen Mann zum Chef des deutschen Geheimdienstes machen, in dessen Familie Juden eingeheiratet haben. Emil war nicht einmal im Gebäude. Hans muss fassungslos gewesen sein. Alles ist angerichtet, und dann gibt es doch nichts zu feiern. Er hat sich tatsächlich an der Sekretärin vorbei in Emils Büro gedrängt. Sie dachten, er wäre nur verzweifelt wegen des Rückschlags in seiner Karriere, so dass sie ihn nicht verhaftet haben.

Waffenlärm ist in der Ferne hörbar. Schweres Geschütz.

DIETRICH Hörst du das auch?
WÄRTER Ja, sie rücken näher.
DIETRICH Hast du Angst?
WÄRTER Vor den Amerikanern? Ja.
DIETRICH Es wäre besser für dich, jetzt ein Gefangener zu sein.
WÄRTER Wenn ich versuche zu gehen, erschießt mich die SS. Wenn ich bleibe, werden die Amerikaner mich erschießen.
DIETRICH Sie könnten dich als Kriegsgefangenen nehmen.
WÄRTER *lächelt* Die Hoffnung stirbt zuletzt.

Mehr Waffenlärm.

DIETRICH Wie weit sind sie noch entfernt?
WÄRTER Die Entfernung ist es nicht. Sie könnten in Kürze hier sein. Aber sie sind in Kämpfe verwickelt. Je mehr, desto länger dauert es.
DIETRICH Der Waffenlärm ist also kein gutes Zeichen?
WÄRTER Nein.

Mehr Waffenlärm.

DIETRICH Ich glaube, ich sehe Licht.

WÄRTER Deshalb hören wir die großen Geschütze.

DIETRICH Wann werden sie mich holen?

WÄRTER Ich weiß nicht.

DIETRICH Sag mir wenigstens, wann du denkst, dass sie mich holen, um Gottes willen!

WÄRTER Sie werden kommen, wenn der Gestapo-Offizier bereit ist. Der Waffenlärm wird ihn erst mal einschüchtern.

DIETRICH Ich habe also nicht ... nicht mehr viel Zeit?

WÄRTER Nein.

Dietrich wühlt durch einen Lumpenhaufen und findet Teile einer klerikalen Kleidung, die er überzieht.

WÄRTER Sie werden Ihnen befehlen, Ihre Kleidung auszuziehen. Noch bevor wir gehen.

DIETRICH Was?

WÄRTER Wer hängt, darf keine Kleidung tragen.

DIETRICH Nackt? Dort draußen? Nackt über den Hof laufen? Vor allen Leuten?

WÄRTER Es macht keinen Unterschied. Die Kleidung muss in jedem Fall ausgezogen werden. Ob vorher oder nachher. Vorher ist einfacher.

DIETRICH Einfacher für dich, meinst du.

Wärter betrachtet Schachspiel.

DIETRICH Leichter für diejenigen, die dem Leichendienst zugeteilt sind. Was hat Hans gesagt, als ihm das zugetragen wurde?

WÄRTER Er hat verstanden.

DIETRICH Was hat er gesagt? Wort für Wort.

WÄRTER Er sagte: »Sagen Sie Dietrich, er solle sich keine Sorgen machen, wenn sie ihn bitten werden, sich auszuziehen. Sie wollen ihn doch nur aufhängen.«

DIETRICH *lacht, zieht sich weiter an* Das werden sie schon selbst tun müssen. Ich habe mein ganzes Leben in der Kirche verbracht. Das werde ich jetzt nicht abstreifen.

WÄRTER Es wäre aber besser.

DIETRICH Ich bin kein religiöser Mensch, nicht von Natur aus. Aber ich kann nicht anders, als an Gott zu denken.

WÄRTER Sie haben uns ziemlich wenig von Gott erzählt.

DIETRICH Was hätte ich dir denn von Gott erzählen sollen? Was hättest du hören wollen? Vom Hirten, der dich zurück in die Herde treibt? Komm zurück, mein Schäflein, wer immer du bist, was immer du getan hast. Du kannst immer zurück zu mir, tausendmal, wenn es sein muss. Etwas in der Art?

WÄRTER Das ist es schließlich, was ein Pfarrer tut.

DIETRICH Als Jesus am Kreuz hing zwischen den zwei Dieben, hat er nicht versucht, sie zu bekehren. Einer von ihnen hat sich an ihn gewandt. Einer von ihnen wusste, was zu tun war. Du bist oft genug gerufen worden, oft genug für tausend Mann.

WÄRTER Der Dieb muss ein mutiger Mann gewesen sein.

DIETRICH Ja, war er. Vielleicht sogar mutiger als Hans.

WÄRTER Niemand ist mutiger als der Major.

DIETRICH Helden sind dir wichtig, nicht wahr?

WÄRTER Sicher. Sehr wichtig.

DIETRICH Ich habe viele Helden gekannt. Habe so viele getroffen, dass ich aufgehört habe, sie zu zählen.

WÄRTER Es wird immer Männer wie den Major geben. Das weiß ich jetzt. Und das macht mich stolz. Aber sie getroffen zu haben, reicht nicht. Ich bin und bleibe ein einfacher Mann. Sie können mich nicht zu etwas machen, das ich nicht bin.

DIETRICH Zweifellos, nicht einmal ein Heiliger könnte das. Aber was hätten wir nicht gegeben für ein paar mehr Menschen, die einfach ihrem Nächsten geholfen hätten. Was das für einen Unterschied gemacht hätte! *Dietrich ist nun in klerikales Gewand gekleidet.* Der Gott, der bei uns ist, ist der Gott, der uns verlassen hat. Vor Gott und mit Gott sterben wir ohne Gott – ohne einen Gott, der uns Sicherheit gibt in einer mündig gewordenen Welt.

AKT II, SZENE V

Christine und Dietrich befinden sich im Studierzimmer. Der Cocktailempfang anlässlich der Emeritierung ihres Vaters vom Lehrstuhl für Psychiatrie läuft im Nebenzimmer auf Hochtouren. Letztes Kriegsjahr.

CHRISTINE Wirst du es heute Abend verkünden?

DIETRICH Ich bezweifle, dass eine Ruhestandsfeier der richtige Zeitpunkt dafür ist.

CHRISTINE Vater würde es gut finden. Die Reden langweilen ihn. Mach es.

DIETRICH Also gut. Ich habe ohnehin schon zu lange gewartet.

CHRISTINE Da hast du wirklich recht. Vor Jahren hatten wir schon die Hoffnung aufgegeben, dass du einmal heiraten würdest. Weiß Hans schon Bescheid?

DIETRICH Hat es je ein Geheimnis gegeben, das Hans nicht schon kannte? Ich finde es fast schon erstaunlich, dass ich es vor ihm wusste.

CHRISTINE Und? Was hat er gesagt? Nein, sag's mir nicht. *Imitiert Hans' Tonfall.* »Mach dich nicht lächerlich, Dietrich. Das Mädchen ist viel zu jung für dich. Such dir eine Frau passenden Alters.«

DIETRICH So in etwa.

CHRISTINE Aber er mag Maria, da bin ich mir sicher. Immerhin ist sie Ruths Enkelin. Wir aristokratischen Verschwörer halten schließlich zusammen. Darauf kannst du zählen.

DIETRICH Marias Glaubwürdigkeit als Verschwörerin wurde ordnungsgemäß protokolliert.

CHRISTINE Wann soll die Hochzeit sein?

DIETRICH Wir haben noch kein Datum festgelegt.

CHRISTINE Wartet nicht zu lange, Dietrich. Menschen wie du bekommen selten eine zweite Chance auf Glück. Du hast zu wenig Talent für Glück. Warte also nicht darauf, dass sich morgen vielleicht eine bessere Gelegenheit bietet.

DIETRICH Du findest es nicht absurd? Ans Heiraten zu denken, während die Welt gerade untergeht?

CHRISTINE Verwechsle das Leben nicht mit Historie. Leben heißt, sich zu verlieben. Heiraten, Kinder bekommen, Freude empfinden, Traurigkeit – das sind keine historischen Ereignisse. Zögere es nicht hinaus. Das Leben wartet nicht auf dich.

Renate kommt eilig herein.

RENATE Tante Christine, ist Onkel Hans hier?

CHRISTINE Er ist immer noch im Büro.

RENATE Wir haben wieder Nazis im Haus. Sie wollen Onkel Hans sehen. Der kleine Hans und der andere. Sie haben Frauen dabei. Nazi-Huren.

CHRISTINE Renate, bitte.

RENATE Sie stören die ganze Festlichkeit. Einige Leute sind sogar gegangen, als sie hereinkamen. Großvater ist wütend. Nazis auf seiner Ruhestandsfeier. Was sollen wir mit ihnen machen?

CHRISTINE Bring sie hier zu uns herein. Ich werde sie beschäftigen, bis Hans nach Hause kommt.

RENATE Was ihr »Besuch« wohl zu bedeuten hat?

CHRISTINE Ich bin mir sicher, es ist nichts. Ist es doch nie.

RENATE Aber sie stellen Fragen zu Onkel Hans. Und zu Onkel Dietrich. *Dreht sich wieder zu Christine um.* Sie haben auch nach dir gefragt.

CHRISTINE Renate, es ist kein offizieller Besuch, sie haben Frauen dabei.

RENATE Nazi-Huren.

CHRISTINE *lacht* Sie gehen auf einen Empfang in der Nähe, das ist alles. Haben nur kurz auf dem Weg dorthin an unsere Tür geklopft, um Hans etwas zu sagen. Du weißt doch, wie gerne der kleine Hans hierherkommt. Nun mach dir mal keine Sorgen. *Sie begleitet Renate zur Tür.* Sag ihnen, sie sollen zu uns hier rüberkommen.

RENATE Die Huren auch?

CHRISTINE *lacht* Du bist schlimmer als Hans. Lass sie da draußen. Psychiater unterhalten sich ja gerne mit Huren. Nun geh schon.

Renate geht.

CHRISTINE *wendet sich an Dietrich* Versuch es in seinem Büro. Vielleicht können wir ihn noch abfangen, bevor er geht.

DIETRICH *nimmt Telefonhörer und wählt* Hallo. Ja, Dietrich. Ist Hans noch da?

Sturmbannführer Raeder und Hans jr. treten ein.

DIETRICH Nein. In Ordnung. Ich rufe ein anderes Mal an ... Genau. Auf Wiedersehen.

CHRISTINE Sturmbannführer Raeder ... Untersturmführer. Bitte treten Sie ein. Was für eine Überraschung.

RAEDER Entschuldigen Sie bitte die Störung, aber ich fürchte, es ist dringend erforderlich, dass ich mit Ihrem Mann spreche.

CHRISTINE Wir erwarten ihn jede Minute zurück. Bitte machen Sie es sich bequem.

RAEDER Wir wollen nicht stören. *An Dietrich.* Bitte fahren Sie mit Ihren Telefonaten fort, Herr Pastor. Ignorieren Sie uns einfach.

DIETRICH Ich bin etwas frustriert, Herr Sturmbannführer. Kann meine Verlobte nicht erreichen.

RAEDER Das überrascht mich nicht. Sie sitzt ja im Nebenzimmer.

CHRISTINE Cognac? *Reicht Raeder und Hans jr. jeweils ein Glas.*

H. J. Danke sehr.

RAEDER *erhebt Glas zum Toast* Auf die Emeritierung Ihres Vaters von der Charité. Großartige Karriere. Unser deutsch-psychiatrisches Gegenmittel gegen den kranken kleinen Juden aus Wien.

CHRISTINE Und was, darf ich fragen, wollten Sie meinen Mann heute Abend fragen?

RAEDER Kleinigkeiten nur. Lediglich ein paar kurze Fragen. Sie unterstützen Ihren Mann doch bei seiner Arbeit?

CHRISTINE *lacht* Ach du lieber Himmel, da hätte ich ja viel zu tun. Warum würden Sie das wissen wollen? Ist es bei Geheimdienstlern etwa üblich, dass sie sich ihren Frauen anvertrauen?

RAEDER Nicht bei deutschen.

CHRISTINE Ich fürchte, ich kann Ihnen nicht ganz folgen.

Hans tritt ein.

HANS Ach, die Gestapo. Ist es denn schon Weihnachten?

CHRISTINE Sie sind gerade erst angekommen.

HANS Ein weiterer freundschaftlicher Besuch, Sturmführer? *Hans nimmt sich ein Glas Cognac.*

RAEDER Freundschaftlich, oh ja, sehr freundschaftlich, Major. Eigentlich nur eine Kleinigkeit. Wir waren gerade auf dem Weg zu einer Gesellschaft, als ich eben an Sie denken musste.

HANS Ja, ich habe Ihre Begleitung im Nebenzimmer gesehen. Marion So-und-So, ich weiß natürlich. Hat für mich auf dem Balkan gearbeitet. Bis ich dahinter kam, dass sie Gefangene auch gerne mal folterte. An Ihrer Stelle, Sturmbannführer, würde ich ihr nicht zu oft den Rücken zudrehen.

RAEDER Das wird sie freuen zu hören.

HANS Sie hat es schon gehört.

H. J. Und was hältst du von meiner Begleitung?

HANS Die Blonde mit den langen Beinen und hohen Wangenknochen?

H. J. Hübsch, nicht wahr?

HANS Sehr. Aber sie hat eine Waffe bei sich. Kein gutes Zeichen bei einer ersten Verabredung.

RAEDER Nun, wir haben nicht an Ihre Tür geklopft, um über weibliche Begleitung zu sprechen, Major.

HANS *hebt das Glas wie zum Trinkspruch* Dann also zum Geschäftlichen.

RAEDER Sie haben gewiss gehört, dass die Verräter ...

Telefon klingelt.

CHRISTINE Entschuldigen Sie. *Christine geht ans Telefon.* Hallo. Ja. Hans, dein Büro.

HANS *nimmt den Hörer* Ja. Er ist da. Ja. *Pause, um zuzuhören.* Ist der Beutel schon transferiert worden? Gut. In meinem Schreibtisch liegt ein kleines Päckchen, adressiert an General Himmler. Ja, Himmler. Schublade oben rechts. Schicken Sie es ihm rüber. Im Beutel. Nein, es muss sofort sein. Und nur für seine Augen bestimmt. Danke. *Hängt auf.* Ich muss mich entschuldigen. Wo waren wir stehen geblieben?

RAEDER Sie haben mit General Himmler zu tun? Darf ich fragen ...?

HANS Nein, dürfen Sie nicht. Sie wollten gerade auf den Punkt kommen.

RAEDER Wie Sie wissen, wurden die Verräter, die versucht haben, den Führer zu ermorden, alle gefangen genommen und hingerichtet.

HANS Und das ohne weitere Umschweife.

RAEDER Graf von Stauffenberg wurde noch in dieser Nacht hingerichtet. Ebenso General Beck.

HANS Und ein Dutzend anderer, die mit dem Attentat gar nichts zu tun hatten, aber wertvolle Zeugen hätten sein können.

RAEDER Ja, das war bedauerlich. Aber unter den gegebenen Umständen ... die Explosion, Chaos, wenngleich nur wenig Schaden entstanden ist.

HANS Die Bombe hat immerhin vier Männer getötet.

CHRISTINE Bleibt zu hoffen, dass sich der Führer vollständig erholt hat.

RAEDER *sieht Hans an* Und ob, er ist fit wie ein junger Gott.

HANS Auf einer Seite teilweise gelähmt, hat Schwierigkeiten, bestimmte Wörter auszusprechen.

RAEDER Ein böses Gerücht. Maßlos übertrieben.

HANS Er ist einseitig gelähmt und hat Schwierigkeiten beim Sprechen.

RAEDER Ich warne Sie, Major.

HANS *zu Christine* Das Ausmaß seiner Verletzung ist nicht bekannt. Hätte Oberst Brandt nicht die Aktentasche voller Sprengstoff weiter vom Sitzplatz des Führers weggestellt, wäre der Führer mit Sicherheit tot. Brandt selbst wurde getötet.

RAEDER Mir scheint, ich kann Ihnen wenig Neues berichten. Ihnen und Ihrer geschätzten Gattin.

HANS *zu Christine und Dietrich* Sturmbannführer Raeder ist für seine energischen Ermittlungen und die schnelle Festnahme der Verräter gelobt worden. Er wurde zur Beförderung empfohlen und wird vielleicht sogar einen hohen Orden bekommen.

RAEDER Für das Vaterland tut man, was man kann.

HANS *an Raeder gewandt* Mein Rat, Sturmbannführer, wäre, die Sache mit dem Orden auf sich beruhen zu lassen und stattdessen die Beförderung anzustreben. Zukünftige Generäle machen sich nicht für Orden lang. Das gilt als zweitklassig.

RAEDER Sie sind sehr freigiebig mit Ihren Ratschlägen.

HANS Wozu hat man Kollegen?

RAEDER Loyalität, Major. Loyalität. Und, sehen Sie, da haben wir ein Problem. *Hans jr. reicht Raeder eine Akte.* Bei meiner, wie Sie sagen, »energischen« Ermittlungsarbeit bin ich nämlich immer wieder auf einen Namen gestoßen. *Pause.* Einen überraschenden Namen. *Pause.* Ihren Namen. – Warum wohl, glauben Sie, ist das der Fall?

HANS Ich habe natürlich viel mit den Verrätern zu tun gehabt. Wir sind alle in der Wehrmacht. *Hans geht zum Schreibtisch.*

RAEDER Na sicher. Aber das Ausmaß der Verbindungen wäre dann doch ein außergewöhnlicher Zufall, meinen Sie nicht?

HANS Genug vielleicht, um den einen oder anderen ins Grübeln zu bringen.

RAEDER Oh, genug dafür, sicherlich.

HANS Aber doch nicht genug für einen Profi wie Sie.

RAEDER Eine weitere interessante Tatsache, Major: Der Sprengstoff kam aus Ihrer Abteilung.

HANS Sprengstoffe stammen grundsätzlich immer von einer Militäreinheit. Ob von unserer oder der von jemand anderem.

RAEDER Die Zuteilung des Sprengstoffs hat aber nicht jemand anderer genehmigt. Sie haben das getan.

HANS Ich habe genug Sprengstoff genehmigt, um die ganze Tschechoslowakei in die Luft zu sprengen. Eine unserer Spezialitäten.

RAEDER Ihre Leute. Ihr Sprengstoff.

HANS Das beweist nichts.

RAEDER Ihre Männer. Ihr Sprengstoff. *Nimmt ein weiteres Blatt aus der Akte.* Und jetzt auch Ihre Juden. Juden in die Schweiz.

HANS Wir benutzen alle möglichen Leute für Spionage. Sogar Homosexuelle.

RAEDER Schweinezüchter aus Schlesien. Sehr drollig, Major. Ausgewandert in die Schweiz. Falsche Pässe, falsche Transitpapiere, falsche Visa, sogar Geld. Alles mit freundlicher Genehmigung der Abwehr. Abgezeichnet von Admiral Canaris persönlich. Auch unser lieber Pastor hier war involviert. Stellen Sie sich vor, ein Mann Gottes ...

HANS Das klingt wenig plausibel, Sturmbannführer.

RAEDER Da pflichte ich Ihnen sogar bei. Unsere Abwehr schmuggelt Juden über die Schweizer Grenze? *Lächelt.* Ist das wirklich vorstellbar? Wer würde so etwas glauben?

HANS Keiner.

RAEDER Aber wir tun es, Major. Wir sind hier sogar sehr gläubig. Stand heute wurden fünfzehn Juden von Ihrem Büro in die Schweizerische Eidgenossenschaft geschmuggelt.

HANS Das sind schwerwiegende Vorwürfe. *Nimmt den Telefonhörer ab.* Mit Ihrer Erlaubnis werde ich Admiral Canaris sofort darüber in Kenntnis setzen.

RAEDER Die Mühe können Sie sich sparen. Canaris wurde vor zwanzig Minuten festgenommen. Er und General Oster. *Sieht auf die Uhr.* Und wir sind schon im Verzug. Haben heute Abend noch viel zu tun. Major, Pastor, Sie beide sind verhaftet. Bitte begleiten Sie mich als Gefangene des Dritten Reiches zum SS-Hauptquartier.

HANS Was wird uns denn vorgeworfen?

RAEDER Für den Anfang: betrügerische Verwendung von Militärgeldern und Verstöße gegen Gesetze, die die illegale Durchreise von Juden ins Ausland betreffen. Doch es wird mehr geben. Unsere Untersuchungen sind nicht abgeschlossen. Ich weiß, was Sie für einer sind, Major, und ich werde es beweisen.

HANS Und in der Zwischenzeit übernimmt die SS den deutschen Geheimdienst.

RAEDER So ist es.

HANS Ein einfach zu durchschauendes Machtspiel. Das wird man Ihnen nicht durchgehen lassen.

RAEDER Es war letztlich das Geld. Sie konnten den Geldfluss nicht gänzlich unsichtbar machen. Eine sorgfältige Durchsicht Ihrer Unterlagen durch unseren Untersturmführer hier ergab eine auffällige Währungsunregelmäßigkeit.

HANS Immer schön der Spur des Geldes folgen.

RAEDER Ganz genau. Der Chef Ihrer Fälschungsabteilung hat uns dann nach längerer Überzeugungsarbeit auch den Rest ausgehändigt. Bedauernswerter Mann. Wird vielleicht nie wieder gehen können.

HANS *geht zum Schreibtisch* Da wird er nicht der Einzige bleiben.

RAEDER Nein, da wird er nicht der Einzige bleiben, das fürchte ich auch. *Wendet sich zu Christine.* Frau von Dohnanyi, ich verhafte auch Sie im Namen des Dritten Reiches.

Hans öffnet die Schreibtischschublade.

HANS Wenn du sie auch nur anrührst, knalle ich dich ab.

RAEDER Bitte keine Heldentaten. Das Haus ist umstellt. Es gibt kein Entkommen.

Hans hält inne.

RAEDER Wenn Sie sich wehren, werden wir jede einzelne Person in diesem Haus verhaften. Das kann ich Ihnen versichern. Wenn Sie Ihre Frau lebendig wiedersehen wollen, ziehen Sie jetzt langsam Ihre Hand zurück.

CHRISTINE Hans, mach keine Dummheiten.

HANS Sie haben mich missverstanden, Sturmbannführer. *Er nimmt langsam die Hand aus der Schublade und hält ein altmodisches auf Spule gewickeltes Tonband in die Höhe.* Ich habe hier etwas, das Ihnen nicht vorenthalten werden darf. Von Geheimdienstoffizier zu Geheimdienstoffizier.

RAEDER Wovon reden Sie?

HANS Ein Gespräch, das Hans jr. und ich kürzlich über die Zukunft geführt haben. Ihre Zukunft.

H. J. *beunruhigt* Du hast mir versichert, das Zimmer wäre abhörsicher! Keine Aufnahmen! Du hast es versprochen!

HANS Vertraue niemals einem Spion.

H. J. Wir hatten eine Abmachung.

HANS Für eine neue Welt. Die wirst du nun bekommen.

H. J. Es war nicht meine Schuld, dass Sie nicht General geworden sind. Ich bin schließlich nicht derjenige, der Juden zu Hause hat.

HANS Zuhause, welches Zuhause? Weißt du überhaupt, was ein Zuhause ist?

H. J. *weinerlich* Du bist gemein!

RAEDER *nimmt das Tonband an sich* Untersturmführer, beherrschen Sie sich!

H. J. Sturmbannführer, Sie verstehen nicht. Es war als Falle gedacht. Ich musste ihn dazu bringen, mir zu vertrauen. Dabei habe ich ein paar dumme Dinge gesagt. Dinge, die nicht stimmen.

RAEDER Es reicht!

Eine bewaffnete Eskorte erscheint.

RAEDER Schafft sie weg.

HANS Raeder. Sie sollten wissen, dass Himmler eine Kopie dieses Bandes besitzt.

H. J. Sturmbannfuhrer, Sie müssen es mich erklären lassen. Ich werde morgen einen vollständigen Bericht einreichen. Es war eine sehr heikle Situation. Absolute Geheimhaltung.

HANS Die Fotografien hat Himmler auch.

H. J. Welche Fotografien?

HANS Von dir, kleiner Hans, und noch von ein paar mehr Jünglingen. So etwas ist leicht aufzutreiben, wenn man weiß, dass sie existieren.

RAEDER Fotos? Was hat Himmler damit zu tun …? Warum sollte …?

HANS An Ihrer Stelle würde ich mir keine Sorgen mehr wegen der Beförderung machen, Sturmbannführer. Das dürfte das Letzte sein, was Ihnen blühen wird.

RAEDER Fotos! *Zu Hans jr.* Wovon redet er da? *Greift Hans jr. am Revers.* Wovon redet er?! Was hast du nur getan?!

AKT II, SZENE VI

Altes Schulhaus/Gefängniszelle. Früher Morgen, die Sonne geht auf. Wärter liegt auf der Pritsche. Dietrich steht am Fenster. Er steht offenbar schon länger dort. Kanonendonner in der Ferne.

DIETRICH Da! Hast du das gehört? Von links? Sie sind jetzt viel näher da.

WÄRTER Ja, sie brechen durch. Bald stürmen sie los.

DIETRICH Wie lange werden sie brauchen, um hier zu sein?

WÄRTER Die Straße ist wichtig.

DIETRICH Und das ist nicht auf der linken Seite, oder?

WÄRTER Nein.

DIETRICH Sie werden es nicht schaffen, nicht wahr?

WÄRTER Vielleicht nicht.

DIETRICH Vielleicht nicht?! Vielleicht nicht! Ich bin derjenige, dem es an den Kragen geht! Verstehst du? Nicht du. Ich. Ich werde sterben.

Wärter setzt sich auf. Pause.

DIETRICH Ich weiß ja nicht mal, was ich da sage: »... werde sterben«. Was heißt das denn eigentlich?

WÄRTER Es tut mir leid, Professor. Wenn ich doch nur etwas tun könnte.

DIETRICH Du? Was hast du je schon getan?

WÄRTER Was ich konnte.

DIETRICH Was nichts war. *Lacht.* Du hättest sicher Verständnis gehabt für Ophelia. Hamlet nicht. Du schon. *Pause.* Du weißt nicht, wer Ophelia ist, stimmt's?

WÄRTER Nein.

DIETRICH Als ihre Stunde gekommen war, wurde sie leise, kooperierte, gehorchte. Kam ihr nie in den Sinn, sich anders zu verhalten. Ophelia war keine Christine. Christine wusste, was sie zu tun hatte. Sie hat die Gestapo schließlich glauben machen können, dass sie nichts weiter ist als eine normale Hausfrau. Sechs Wochen brauchte sie dazu, aber sie hat es geschafft. Bei Raeder wäre sie damit niemals durchgekommen, aber er hatte ja nichts mehr zu sagen. *Setzt sich hin und blickt auf das Schachspiel auf dem Tisch.* Habe ich von einem Mitgefangenen bekommen, einem britischen Spion. Captain Payne Best. Er war ganz und gar nicht wie Ophelia, er nicht. *Pause. Schaut auf den Wärter, der auf dem Bett sitzt.* Da gab es Engpässe, stimmt's? Am Anfang. Manche Dinge waren nicht länger erhältlich. Hat was gemacht mit deinem Leben. Benzin wurde teuer. Fleisch. Der Unterschied war spürbar für dich. Nichts war mehr wie früher. Aber deinem Nachbarn ging's richtig schlecht. Vergleichsweise war's für dich nicht zu hart. Du hast durchgehalten.

Hast sogar einiges geteilt, am Anfang. Einen Schlag Mehl hie, etwas Urlaubswein da. Eine Schweineschulter von deinem Vetter. Bis es dann enger wurde. Manche Leute hatten plötzlich Sachen, die es für andere nicht gab. Ein neuer Anzug, Ersatzteile. Es war noch möglich, Dinge zu haben, die andere nicht hatten. Andere hatten sie. Bloß du nicht. Du musstest einen Weg finden. Du konntest an gar nichts anderes mehr denken. Das hat dich aufgezehrt. Du musstest einfach einen Weg finden. *Pause.* Als Sokrates starb, war er umgeben von seinen Freunden und Schülern. Einige der besten Köpfe seiner Zeit. Und ich … ich habe dich. Ich verbringe die letzten Tage meines Lebens mit einem Mann, der Dreckeimer ausleert. Den Boden schrubbt in einem Todeslager, damit er an Brot und Benzin kommt. Aber seine Frau hat den neuesten Kühlschrank im Ort. Seine Kinder blanke Schuhe. Und täglich läuft er an Menschen vorbei, ausgehungert, geschlagen und ermordet. Jeden Tag läuft er an ihnen vorüber, weil er sich nicht vorstellen kann, etwas anderes zu tun. Brot und Benzin. Er würde alles tun für Brot und Benzin. Was könnte es Wichtigeres geben als Brot und Benzin?

Beide Männer hören lautes Rufen vor der Kammer.

DIETRICH Was ist das?

WÄRTER *schaut aus dem Fenster* Da sind Männer im Garten. Sie kommen. Warte! Sie steigen auf das Schafott. Sie machen erst mal einen Test.

Dietrich ist vom Tisch zurückgesprungen an die Wand. Er rutscht mit seinem Rücken an der Wand langsam herunter in Sitzposition, die Arme um die angezogenen Beine geschlungen. Lässt den Kopf sinken.

WÄRTER Professor, Vater, hilf mir.

DIETRICH *schaut auf* Was?

WÄRTER Wir haben nicht mehr viel Zeit. Ich bitte um deine Hilfe. Ich flehe dich an, mir zu helfen.

DIETRICH Dir zu helfen?

WÄRTER *auf Knien* Bitte. Du bist ein Priester. Ich will die Absolution.

DIETRICH *lacht* Absolution! Von mir?! *Steht mit einem Mal auf.* Du ignoranter Dummkopf. Verschwinde! Raus! *Dietrich packt den Wärter am Kragen und drängt ihn zur Tür.* Steh auf! Steh auf! Mein Leben misst noch Minuten. Die will ich nicht mit dir verbringen. Raus!

Wärter steht nicht auf und bewegt sich nicht zur Tür, Dietrich wirft ihn zu Boden.

WÄRTER Ich kann nicht gehen. Bitte, hilf mir. Du bist Priester. Du musst helfen.

DIETRICH Du bist katholisch. Ich kann nichts für dich tun.

WÄRTER Bitte, nein, du bist ein Priester. Ich kenne keinen wie dich. Nur du kannst mir helfen.

DIETRICH Ich? Du kennst keinen wie mich? Oh doch, du kennst viele wie mich. Unsere Zahl ist Legion. Wir könnten die Sonne verdunkeln. Geh zu Hans, geh zu Dohnanyi. Du könntest deine Seele retten, allein dadurch, dass du seinen Mantel hältst. Hier gibt es nichts für dich. Geh zu Hans.

WÄRTER *steht auf* Der Major ist ein großer Mann. Er kann nicht anders sein.

DIETRICH Geh zu ihm.

WÄRTER Ich komme aber zu dir, ich wende mich an dich. Gib mir die Absolution. Ich werde sie von keinem anderen annehmen.

DIETRICH Was willst du von mir, Mensch? Soll ich deine Beichte anhören wie ein Landpriester? Beichte! Was hast du schon zu beichten? Dass du Angst hattest? Dass du getan hast, was du getan hast, weil du Angst hattest? Dass du nicht unterschrieben hast oder die Hand gehoben – damit dir das Fleisch nicht von der Gabel fällt? Du hättest genug zu beichten für Zehntausend, für Hunderttausend.

WÄRTER Vater, bitte. Bitte. Vergib mir. Ich kann es nicht mehr ertragen. *Kniet.* Bitte. Ich flehe dich an. Hilf mir.

DIETRICH Geh zu den anderen.

Wärter fällt vornüber auf das Gesicht.

DIETRICH Geh. Tu, was du tun kannst für sie. Hilf ihnen. Besorge ihnen etwas zu essen. Sie sind großartige Menschen. Sie haben sich nie gebeugt. Sie haben brennende Herzen. Geh zu ihnen, sie können dir helfen, sogar jetzt noch. Hans wird dir sagen, was zu tun ist. Geh zu ihm. Seine Vergebung ist tausendmal mehr wert als meine.

Wärter bewegt sich nicht, bleibt auf dem Boden.

DIETRICH Geh. Bitte. Lass mich in Frieden.

WÄRTER Gott ist da.

DIETRICH Gott? Hier? Jetzt? *Lacht.* Und er ist eigens für dich gekommen?

WÄRTER Gott ist hier. Der Major kann mir nicht helfen. Ich kann nicht tun, was er getan hat. Ich kann nicht sein wie er. *Pause.* Aber ich hätte sein können wie du! Du bist ein Mensch wie jeder andere. Du fühlst, was jeder fühlt. Doch du bist mit Helden gelaufen. Das ist die Hand Gottes. Wenn er gewollt hätte, hätte ich so sein können. Ich hätte mutig sein können. Hätte gläubig sein können. *Fällt auf die Knie.* Vergib mir, Vater. Vergib mir. Bitte. Ich kann zu niemand anderem gehen. Bitte. Gib mir die Absolution. Bitte.

DIETRICH *streicht seine Kleidung zurecht* Wie ist dein Name, mein Sohn?

WÄRTER Harless. Mein Name ist Harless, und ich habe gesündigt. Hilf mir.

DIETRICH Fürchte dich nicht, Harless. Es gibt Trost, Ruhe und ewigen Frieden für die, die wahrhaft bereuen: ihre Übertretungen, ihre Verzweiflung, ihre Ängste, ihre Hohlheit, ihre Lügen. Frieden und Ruhe und Vergebung der Sünden, in einer Welt ohne Ende. Im Namen des Vaters, des Sohnes und des Heiligen Geistes. Amen.

Dietrich ordnet weiter sein Gewand. Er bemerkt, dass der Wärter sich nicht bewegt hat.

DIETRICH Harless, es ist vorbei. Lass deine Angst los. Gott kennt dein Leben, Harless. Er wird seinen Weg zu dir finden, auch wenn du deinen Weg zu ihm nicht mehr finden kannst. Fürchte dich nicht.

Wärter blickt auf.

DIETRICH Es ist getan. Jetzt musst du mir helfen.
WÄRTER Ich? Wie? Was kann ich schon tun?
DIETRICH Nein, diesmal gibt es etwas, was du tun kannst. Diesmal bist du es, der ... Du wirst mir helfen, zu sterben. Du wirst mir jetzt die letzten Riten geben, solange ich sie noch erleben kann. Ich wusste immer, dass ich sterben würde. Wusste nur nie, wann. Unterschätze nicht, was es heißt, zu wissen, wann die Stunde gekommen ist. Es kann den entscheidenden Unterschied ausmachen.

Wärter erhebt sich, und Dietrich kniet vor ihm.

DIETRICH Den Segen bitte. Wieder und wieder, während ich bete.
WÄRTER Geht das? Ich bin doch kein Priester. Kann das funktionieren?
DIETRICH Es wird, wenn es überhaupt jemals funktioniert. Du bist zu mir gekommen. Jetzt komme ich zu dir. Ich will es von niemand anderem. Fang an.
WÄRTER Es ist so lange her. Ich weiß die Worte nicht. Habe sie vergessen.

DIETRICH Du hast sie dein ganzes Leben lang gehört. Fang an. Sag etwas. Sag irgendetwas.

WÄRTER Was soll ich sagen?

DIETRICH Ich weiß nicht. Ich bin zu dir gekommen. Kann nirgendwo anders hin. Hilf du mir. *Beugt den Kopf und beginnt, unmerklich leise zu beten.* Lieber Vater im Himmel, vergib mir. Vergib meine Übertretungen, wie auch ich vergebe meinen Schuldigern. Vergib ...

Soldaten erscheinen in der Tür und stehen bereit, Dietrich zum Galgen zu führen. Der Wärter sieht sie und richtet sich auf, beginnt zu sprechen mit einer Stimme, die lauter und fester wird.

WÄRTER Fürchte dich nicht. *Lauter.* Fürchte dich nicht. Du bist nicht allein ... *Pause.* Du bist nicht allein, denn ich bin mit dir. Wenn du durch das Tal des Bösen läufst, wirst du nicht straucheln, denn ich bin mit dir. Wenn du dem Tode begegnest, wirst du nicht zweifeln, denn ich bin mit dir. Wenn du vom Licht zur Dunkelheit schreitest, wirst du keine Angst haben, denn ich bin mit dir. Im Namen des Vaters und des Sohnes und des Heiligen Geistes. Du bist jetzt, bist immer gewesen und wirst immer sein, in einer Welt ohne Ende, denn ich bin mit dir.

Lichter werden schwächer und gehen aus.